JN066104

The 1st step to marketing

1からの
マーケティング

石井淳蔵
廣田章光　編著
清水信年

第4版

発行所：碩学舎
発売元：中央経済社

序　文

1 からのマーケティング

　マーケティングという言葉は聞いたことがあるが、何のことかよくわからない。マーケティングを学んだが、内容をうまく説明できない。『1 からのマーケティング』は、はじめてマーケティングを学ぶ方、マーケティングを 1 から学び直したい方のための本です。

　本書ではマーケティングが世の中でどのような役目を果たしているのか、そしてマーケティングをうまくやるために理論がどのように役に立つのかを学びます。そのようなことを学ぶことは、さらに深くマーケティングを学ぶきっかけとなり、うまくマーケティングを行うための手がかりを得ることになるはずです。

　現在活躍中の音楽やスポーツの多くのプロフェッショナルは、一流のアーティストやアスリートの演奏や競技に触れたことが、その世界に関心を持ち、その道を歩み始めるきっかけになったと言います。マーケティングを学ぶこともそれと同じではないかと思います。優れたマーケティングに触れることで、マーケティングに関心を持ち、より深く知りたいと思うのではないでしょうか。そのため、本書では、各章に現実のマーケティング事例をわかりやすく紹介しています。マーケティングをはじめて学ぶ人は、それらの事例を通して、マーケティングの魅力に触れ、その面白さを感じてください。そして、マーケティングの巧みさを支える工夫と、理解するための理論を併せて知ってもらいたいと思っています。

　マーケティングの考え方は、1950 年代に日本に紹介され、社会のさまざまな場面に浸透してきました。最近は、官公庁や病院、学校など、マーケティングとは無縁と思われてきた組織でも、マーケティング、顧客志向という言葉が日常的に使われるようになってきています。顧客満足という言葉が、全社方針に明記され、マーケティングを専門に扱う部署を組織している企業も珍しくありません。一方で、「マーケティングは大切なのだろうが、自分の仕事とどのように結びついているかわからない」、「売上目標必達と言いながら、お客様を第一にとも営業部長はいう。どちらを優先すればよいのかわからない」という声をよく聞きます。

　マーケティングの工夫によって企業の収益に差がでることは、なんとなくわかりそうです。しかしマーケティングを理解し、それをうまく行うことが簡単でないこ

とは、多くの人が感じているのではないでしょうか。本書はこのような世の中が抱えるマーケティングの悩みを、少しでも解決することにつながればと思っています。

本書の構成

　マーケティングに限らず、何かを学ぶには段階があります。1つは「知る」という段階です。次に、「わかる」、最後に「使える」となります。本書は、マーケティングの入門書として、マーケティングの考え方と最低限の基本理論を「わかる」段階にすることを目標としています。そのため、入門書としての網羅性と一貫性を重視しています。限られたページ数の中で、最近の動向も踏まえてマーケティングが関わるべき領域を網羅しています。そして、3部、15章に一貫しているのは、「マーケティング志向」という立場です。ここでは、全体の構成について簡単に紹介します。

　I部「マーケティング発想の経営」では、マーケティングと経営との関係を確認します。マーケティング志向であったつもりが、実はそうではなかった。第1章を読むと思い当たる方も多いと思います。ここでは、マーケティング志向の本質、マーケティング理論の体系、マーケティングの基本フレーム、マーケティングの戦略思考について理解します。

　II部「マーケティングのマネジメント」では、マーケティングをうまく行うための要点を確認していきます。製品、価格、広告、チャネルの観点から、さらに、統合的な仕組みの観点からサプライチェーン、営業についても理解します。

　III部「関係のマネジメント」では、企業、製品と、顧客、社会との間に継続的な関係をどのように形成するのかを確認していきます。そしてマーケティング活動における時間と空間の広がりと、双方向関係について、関係、ブランド、顧客理解、社会責任の観点から理解します。

本書の活用法

　本書には学びやすくするための、いくつかの工夫を盛り込んであります。ここではその工夫を活かす4つの使い方を紹介します。

　『マーケティングをうまくやることを考える』

　はじめてマーケティングを学ぶ方は、どの章でもかまいません、興味のあるテーマ、企業がある章から目を通してみてください。本書では、章別テーマを理解しやすくするため、実際に行った企業のマーケティング活動（事例）を説明しながら、

そのマーケティングを読み解く視点を解説していきます。企業のマーケティング事例からマーケティングに関心を持つことが、学びの第一歩です。そしてもう一歩進んで、マーケティングをうまくやるとはどういうことかを理解できると、さらにマーケティングに興味が高まるはずです。いくつかの章を読むうちに、うまくやっているか、そうでないかの境目が徐々につかめるようになるはずです。

『「コラム」を使ってみる』

　本書では、各章に2つの「コラム」を設けています。コラムには主にその章で取り扱うテーマにおいて、マーケティングをうまくやるための、基本理論が説明されています。本文のマーケティング事例は、この基本理論によって確認してみると、うまくマーケティングが行えている理由が明らかになるはずです。

『「考えてみよう」に挑戦してみる』

　学んだことを使えるようになるトレーニングとして設問を用意しています。それが、「考えてみよう」です。実際のマーケティング現場で直面する問題を想定し、その問題を学んだ理論を使って解くことで、理論が使える力を養います。

『日々の生活で応用してみる』

　テレビの前で、新聞・雑誌を見ながら、そして街を歩きながら、日々触れることができるマーケティング活動は、誰のために、どのような価値を提供するもので、それは果たしてうまく行っているのかを考えてみてください。そのような問題を解くための手がかりが本文とコラムです。しかし、いくら考えても、説明できないことがあるはずです。その場合は、ぜひ、「次に読んで欲しい本」で紹介した本で、より詳しい内容を確認してみてください。

『1からのマーケティング』の原点と、これから

　『1からのマーケティング』は、2001年3月に第1版が出版されました。数多くのマーケティングテキストがある中、あえて我々が新たなテキストを出版する目的は何か。その答えを得るための議論に多くの時間を割きました。約2年に及ぶ議論を経て完成したのが第1版です。

　たどり着いた答えは、はじめてマーケティングを学ぶ人のためにマーケティングの面白さを知ってもらうこと。そして、もう1つはこのテキストを使ってマーケティングを教える者が使いやすいこと。

　その目標を実現するために、本書は、日々、変化するマーケティング現場と、教育現場の動きを、テキストに逐次反映していくことにしています。

❖ 序　文

　第4版への改訂にあたり、講義で本書を使用して頂いている研究者や実務家の方々に、講義での使用実態や使用時の課題をお聞きしました。また全国の本書の使用者にウェブを使った調査を行い、使用実態と課題の確認に努めました。そして、その結果には我々が気づいていない情報も多く含まれ、第4版の編集方針を決める上で有益な情報となりました。このような情報をもとに、今回の改訂では、今後の社会に求められるマーケティング入門書のあり方を検討し、採用理論、採用ケースの見直し、そしてコラム、参考文献、設問についても見直しを行っています。第4版の大きな変更は次の3点となります。

　第1に、本書はメーカー企業のマーケティングをベースにしたテキストです。しかしデジタル化の進展に伴い、近年、デジタル技術を使い、仕組み（ビジネスモデル）によって競争優位を獲得している企業が登場しています。そのような新たなマーケティングを理解するため、第4版では、ビジネスモデルの章（11章）を第3版の戦略的マーケティングの章に代えて設定しています。

　第2に、ケースの見直しです。第4版では10の章について新たなケースを採用しています。また、第3版を踏襲したケースは最新の情報にアップデートしています。各章のケースは、どれも初学者にも関心となじみのあるオーソドックスな消費財のケースを採用しました。

　第3に、2016年に碩学舎では姉妹書、『1からのマーケティング・デザイン』を出版しました。『1からのマーケティング・デザイン』の位置づけは、顧客創造に焦点を当てたマーケティングを学ぶことにあります。2000年代に入り社会の顧客創造につながるマーケティング要請の高まりに応えることが狙いです。一方、本書『1からのマーケティング』は第1版からオーソドックスなマーケティングの基本を学ぶテキストとして位置づけています。そのため今回の改訂では、より「顧客満足」に焦点を当てた執筆を心がけました。

　マーケティングをはじめて学ぶ人やマーケティングを学び直す人、置かれた立場や関心によって、その学びの入り口を、顧客創造型のマーケティング、顧客満足型のマーケティングのどちらからでも選べるようにしています。

　今後もさらなる読み手の関心と使いやすさを常に追い求め、多くの皆さんからの声を盛り込みながら、版を重ねていきたいと考えています。

神戸大学名誉教授、流通科学大学名誉教授　石井淳蔵

CONTENTS

II　マーケティングのマネジメント

Ⅲ　関係のマネジメント

I

マーケティング発想の経営

第 1 章

マーケティング発想の
経営

1 はじめに

　本書では「企業」という言葉が使われる。一口に企業といっても、日本製鐵のような鉄鋼やプラントなど産業財をつくる企業、日本電装のような部品を作る企業、住友商事や三菱食品などの卸売企業とさまざまである。が、本書では、主として「消費者相手に商品を売る企業」を念頭に置いて話を進める。皆さんに馴染みのある、資生堂や花王やサントリーといった企業を思い浮かべてもらえればよい。それらの企業は、自社で技術を開発し、それを製品として生産し、消費者（あるいは卸売業者や小売業者）に販売している。

　同じように、マクドナルドやディズニーランド、あるいは阪急百貨店やセブン-イレブンのような企業も時々話に出てくるかもしれない。メーカーと同列に話はできないが、消費者相手に商品を売る企業ということで、少し大目に見てもらおう。

　さて、そうした企業の人たちと話していると、自分たちが作った製品の品質や技術に対して絶対の誇りをもっていることがよくわかる。「企業とは、良い技術を使って、高品質の製品を安価に生産することに尽きる」と考えている人も少なくない。

　それは大事なことだ。しかし、われわれが現在暮らしている成熟した社会では、良いものを作ったからといって、必ずしもビジネスの成功に結びつくわけではない。消費者は製品の「価値」を買うのであって、「技術や品質や性能」を買うわけではない。技術的には折り紙付きの会社が開発したゲーム機やケータイあるいは化粧品や食品が売れないという例を、読者の皆さんも知っていることだろう。そんなとき、「提供するその製品を、欲しがっている人は誰なのか」、「その人は、その製品からどのような価値を得ているのか」をしっかりと知る必要がある。マーケティング発想（＝消費者志向）の経営とは、まずそのことを知ることである。いくつかの例を用いて説明しよう。

2 作った製品を売るのではなく、売れる製品を作る

　少し古い話になるが、アサヒビールが「スーパードライ」を開発するにあたって、

千人のモニターを相手に、ブランド名を隠してビールの味覚テストを行った。それは、「ブラインドテスト」と呼ばれる方法である。モニターたちは、いろいろのメーカーのビールを飲み比べて、「このビールが美味しい」、「このビールの味が好きだ」などと評価する。

　普通はその答えを調査表に回答して終わるが、そのとき、アサヒビールは、モニターたちにもう1つお願いをした。それは、「それぞれのビールの味に違いがあるとして、その違いを表す形容詞を言ってほしい」というお願いである。詳しい話は避けるが、それはビールの味覚を表すのに、どのような言葉があるのかを探ろうとしたのだ（石井淳蔵『マーケティングの神話』岩波現代文庫、2004年、27-28頁）。

　消費者相手に直接話を聞いたり、あるいは質問表を使って調べたりするこの仕事は、「市場調査（マーケティング・リサーチ）」と呼ばれる。新製品を開発するときには、その調査の規模や詳細さ（きっちりと統計的に意味のある結果を出したいと思うのか、それともちょっとした参考にするだけか）はいろいろあるにしても、どの会社でもやっているやり方である。そこで得た消費者のニーズ情報を新製品企画に利用しようというわけだ。消費者志向とは、このような志向をいう。

　アメリカ企業はもっと徹底していて、コカ・コーラ社が、新しくニューコークを導入しようとしたときには、19万人のモニターを相手に、同じようにブラインドテストをやったと聞いている。

　この当たり前に見えるやり方が世に浸透したのは、しかし、それほど古い話ではない。世間で、こういう活動が重要だと言われ出したのは1950年代半ばからである。昔から、それこそ江戸時代の昔から、お客さんの意見を聞いてそれに合わせて新しい製品やサービスを市場に出すということはあっただろう。しかし、「そういうやり方・考え方こそが、ビジネスの核心にある」といわれ、その専門組織が作られ、調査のためのいろいろな手法が用いられ出したのは、1950年代の話なのだ。

　どうして、それほどその起源がはっきりいえるかというと、「マーケティング・マネジメント」という考え方がはじめて世界に姿を現わし定着し始めたのがこの時代だったからだ。マーケティング・マネジメントとは何か、ということは次章あるいは本書全体のテーマでもあるので、ここでは詳細な説明はできないが、それまであった「販売マネジメント」の考え方とは、はっきり一線を画すものであったことだけは述べておきたい。端的に言えば、「作られた製品を売る」仕事に関わるのが販売マネジメント、「売れる製品を作る」仕事に関わるのがマーケティング・マネ

ジメントである。

　アメリカのコトラー教授は、２つのマネジメントの違いを次のような流れで示している（フィリップ・コトラー、ゲイリー・アームストロング『コトラーのマーケティング入門』（第４版）（恩藏直人監修）ピアソン・エデュケーション、2000年、25頁）。

【表１‐１　販売マネジメントとマーケティング・マネジメント】

	起点	焦点	対処法	目標
販売の考え方	工場 ⇒	生産された製品 ⇒	販売促進 ⇒	販売増で利益を得る
マーケティングの考え方	市場 ⇒	顧客ニーズ ⇒	統合的マーケティング ⇒	顧客満足で利益を得る

　さて、アサヒビールの話に戻ろう。同社は、スーパードライを開発するときに、「消費者が好むビール（の味）を作ろう」と考えて、そうした市場調査を行った。読者には当たり前のやり方のように聞こえるかもしれないが、そうした試みはビール業界では画期的なことだったと思う。というのは、それまでは、ビールづくりを担当する技術部長や製造部長がビール酵母を調整し慎重にテイスティングして、あるべきビールの味を決めてきたと考えられるからだ。

　そうして、味の処方が決まり、その処方に従ってビールが生産され、そして販売されてきたはずだ。そうしたやり方をとる企業にとって、「自分たちの製品の内容の明細は、企業の技術者が決めるのではなく、企業の外にいる消費者が決める（もう少し言えば、消費者の声を聞くマーケティング担当者（マーケター）が決める）のだ」という考えは、思う以上に衝撃的なことなのだ。

　メーカーがマーケティング発想をもつことは、企業によっては企業のあり方（たとえば、「企業の中でパワーを握るのは、技術者なのかマーケターなのか」といったこと）を変えてしまう。事業の起点（「技術者の声で始まるのか、消費者の声で始まるのか」）が変わるだけでなく、企業の理念や企業の組織の編成の仕方も違ってくる。まとめて、**表１‐２**（８頁）に示しておこう。

　強調したいことは、社長室などに、「社是」として、「顧客第一主義」などというスローガンが掲げられていることがあるが、それでもって「その企業は、消費者志向の企業だ」というわけにはいかないということである。消費者志向は、たんなる

Column 1 - 1

マーケティング発想か技術発想か

　図1‐1には、三つの要素が含まれる。⑴市場ニーズの広がり、⑵技術シーズの広がり、そして⑶両者が交差する開発接点である。

【図1‐1　技術シーズ、市場ニーズ、そして製品開発】

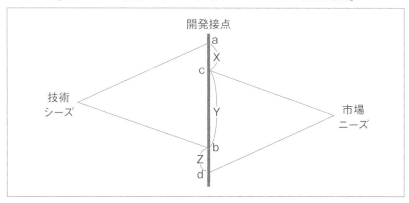

　ニーズとシーズが重なる部分（Y）については、通常の事業活動でこなすことができるので問題はない。経営者が考えないといけないのは、「技術はあるのに売るべき市場がない」部分（X）と、「市場はあるのに、それに応える技術がない」という下の部分（Z）だ。

　「技術発想」の会社は、上の部分（X）に着目する。そして、技術を生かすことができる市場と販路を探す。市場が見つからなければ自身で創ろうとする。「市場開拓」を狙う。だが、「マーケティング発想」の会社なら、市場のニーズがあるとわかった部分（Z）に出て行く。明確な市場ニーズに向けて、「技術開発」が行われる。

　技術開発か市場開発か、状況によって企業によって、どちらを選ぶか異なる。ここでは、市場開発は思う以上に難しいことを知っておきたい。市場開発が簡単な仕事なら、技術をもった企業が常に勝利するはずだ。医家向け医薬品メーカーが消費者向け医薬品市場で成功したか。大型コンピュータで高い技術力を誇るメーカーがパソコン市場で勝利したか。重電機メーカーは家電で成功したか。そのことを考えてみればわかる。

　技術の優位が、そのまま市場での成功にはつながらない。その理由は、①技術

面の性能が優れていたからといって消費者の気持ちを掴めるわけではない、②新しい販路を作るのが難しい、③消費者に向けたブランドが未確立、といった理由が考えられる。消費者を理解し、販路を作り、ブランドを作るには、それなりの投資と時間がかかる。

　技術があるから、あるいは高い品質の製品を持っているからといって、市場で勝利者になれるわけではないことを理解することが大切だ。

【表1-2　マーケティング発想の企業の特徴】

	技術・製品・販売発想の企業	マーケティング発想の企業
理念	良い物を安く提供する	消費者の欲しい物を提供する
事業の起点	製品・工程の新技術の開発	消費者ニーズの把握
方法	販売とプロモーション	統合されたマーケティング活動*
目標	販売量の拡大と利益の拡大	消費者の満足
組織	生産・技術中心の組織	マーケティング中心の組織

　＊「統合されたマーケティング活動」については、第3章で詳しく議論される。

スローガンではないのだ。

3　マーケティング近視眼を避けよ

　「消費者のニーズを知るところから、ビジネスは始まる」というのが「マーケティング発想」だといったが、「言うは易く行うは難し」だ。何より、消費者のニーズと言っても、企業の側はそれを誤って理解しているということは少なくない。消費者ニーズを誤って理解すれば、ビジネスの方向は違った方向に向かってしまう。

　とはいっても、読者の中には、「消費者ニーズを誤って理解するということが、どうしてありうるのだろうか」と思う人もいるだろう。「消費者は何を欲しいと思っているのか」は、はっきりしているように見える。お腹が減ってハンバーガーが食べたいと思えば、マクドナルドかロッテリアへ行ってハンバーガーを食べる。飲み物が欲しければ、ついでにコーヒーか烏龍茶も注文する。勉強したいと思えば大学に行くし、英会話を学びたいと思えば英会話学校へ行く。欲しいものは、はっきりしている！

【図1-2　4分の1インチのドリル】

1/4インチ

　しかし、はたしてそうか。たとえば、こういう例を考えて欲しい。4分の1イン
チのドリルが、消費者向けに売れたとする。その時、「それを買った消費者は、
いったい何が欲しかったのだろうか」と。

　そのドリルが欲しかったから、そのドリルを買った？

　そうだろうか。彼が、そのドリルを家の玄関にでも飾りたいと考えているか、ド
リルを使って穴を開けるときのブルブルという振動・衝撃が好きなのか、あるいは
ドリル収集の趣味をもっているのか。そうでないかぎり、そのドリル自体が欲しい
わけはない。

　そうなのだ。そのドリルを買った消費者が欲しいのは、そのドリルが開けるであ
ろう「4分の1インチの穴」なのである。ドリル自体は、その穴が開けば、置き場
所にも困る不用で邪魔な存在なのだ。

　しかし、多くの企業家は、「消費者が買ったのはこのドリルだから、消費者が欲
しいのはこのドリルなのだ」と思いこんでしまう。そう思いこんで、ドリルの性能
を改善するためにさらに自社の技術を改良する。どこのメーカーに比べても、硬く
て摩耗することのない金属と、耐久性があって長持ちするモーターを用いたドリル
をきっと開発するだろう。さらにまた、そのドリルの価格を下げるべく工場の効率
化に努め、最新鋭の無人工場が生まれるかもしれない。あるいは、消費者が買いや
すいようにするために市場を開拓して、DIYだけでなく、コンビニ店にも、そのド
リルを並べるかもしれない。

　そうした試みはもちろん、この4分の1インチの「ドリル」を売るビジネスには
重要である。だが、それは、消費者の「本当のニーズ」には叶ってはいない。繰り
返すと、消費者は、本当は、ドリルが欲しいのではなく、4分の1インチの穴が欲
しいのだから。

消費者が本当に欲しいのは４分の１インチの穴なのに、欲しいのはドリルだと思う。これは、消費者のニーズの理解が誤っていることに他ならない。その時、大きなしっぺ返しをくらう危険がある。それは何か。

４分の１インチの穴を開けるドリル以外の、つまり、モーターと金属を使わない画期的な技術（たとえば、レーザー光線）が開発されれば、このドリルは一気に市場を失ってしまうという危険である。ちょっと周りを見回せば、そうした大きな技術代替のせいで、市場を失った製品は数知れない。

たとえば、テープやCDなどのオーディオ技術の革新があって、レコードがなくなりレコード針を生産する企業が世界から消えた。エアコンが普及して、練炭火鉢や炭火の火鉢が消えた。電卓が生まれてそろばんが消えた。アメリカの話だが、自動車や飛行機が隆盛して、鉄道が滅んでいった。ここから、どのような教訓を導き出せるだろうか？

❖ 製品ではなくそれが果たす機能で、手段ではなく目的で事業を定義する

「自分がやっているこの事業は、何をやる事業か」と考えてはっきりさせることを、「事業を定義すること」と言うことにしよう。さっそくこの言葉を使って先の例で言うと、自分の事業を、「ドリル（を作って売る）事業」と定義してはまずいということだ。それは、消費者の本当のニーズには叶っていない。

「消費者は、その製品を使って何をしたいと考えているのか」、これがドリルを買った消費者の本当のニーズである。そして、その本当のニーズに基づいて事業を定義することが望ましい。これが、上の話から得られる教訓だ。

つまり、事業の目標を、製品あるいは手段ではなく、その目的・機能で考えるべきなのだ。「消費者は４分の１インチのドリルがほしいのではなく、４分の１インチの穴がほしい」、「消費者は、レコード針がほしいのではなく、音楽を聴きたい」といった具合である。表１－３に、いくつかの例を挙げておこう。

「鉄道と輸送」の関係、「石油精製とエネルギー供給」の関係、「映画と娯楽提供」の関係については、ハーバード大学のレビット教授が指摘している（セオドア・レビット『マーケティング発想法』ダイヤモンド社）。「アメリカにおいて鉄道会社がその地位を失ったのは、自らの事業を輸送と定義せず鉄道と定義したためなのだ」というレビット教授の論文の一節は、「マーケティング近視眼を避けなさい」という教授の教えと共に、有名だ。

【表1-3　製品・手段と機能・目的】

製品・手段	機能・目的
鉄道	輸送
石油精製	エネルギー供給
映画制作	娯楽提供
写真フィルム	情報の記録
電気洗濯機	クリーニング
洗剤	クリーニング
運送	引越し
コンピュータ	ソリューション
コピー機械	コピーサービス

　「マーケティング近視眼を避けなさい」とは、まさにここで言いたいことだ。つまり、みずからの事業を「製品」や「手段」で定義しない。その製品が果たす「機能」、あるいは顧客がその製品によって解決しようとしている「目的」に沿って、定義しなさいということである。

　この一節を読んで、急遽、事業の目標を変えたのは、石油精製企業である。彼らは、みずからの事業の定義を、石油精製企業からエネルギー供給企業へと変更した。彼らの真の敵は、同業他社ばかりではなく、石油以外のエネルギー源（電気、ガス、原子力等）からくる競争者だと考えたのである。

　洗濯機と洗剤のあいだにも、面白い関係がある。現在、洗濯機と洗剤は、歩調を合わせて発展してきている。洗濯機が改善され、それに合わせて洗剤が改善する、さらにまた洗剤が改善され洗濯機が改善するといった具合である。その限りでは、この2つの商品は、補完財（つまり、もう1つの商品がなければ、その商品の機能が果たせない。つまり、洗濯機だけでは、洗濯はできない）である。しかし、10年ほど前の話だが、今はパナソニックに吸収合併された三洋電機という会社が「洗剤のいらない洗濯機」を開発した。どれくらい洗剤を不要にする洗濯機なのかについては、洗剤会社からクレームが出て問題になったが、それはともかく、洗濯機と洗剤は補完的な商品ではなく、代替的な商品である可能性があることがわかった。洗濯機だけで洗濯できる（つまり、化学的な作用がなくても、汚れが落ちる）洗濯機が生まれると洗剤はいらない。しかし、洗剤会社もクレームをつけるばかりでは

なく、「洗濯機がいらない（つまり、物理的な撹拌がなくても汚れが落ちる）洗剤」を開発すればよいわけだ。

　いずれにしろ、これまでとは違い現在では、2つの製品の蜜月時代はいつ終わるかわからない。その時に備えて、洗濯機メーカーも洗剤メーカーも、自分の事業を「洗濯機」や「洗剤」という「製品」で考えるのではなく、消費者は何のためのこれらの商品を購入するのかという「目的」で、自分の事業を定義する必要がある。その定義とは、「クリーニング」である。クリーニングと定義することで、自分の事業に対する過剰な思い込みを避けることができ、業界を破壊してしまうような新しい技術の誕生に対しても、それを受け入れて自分の有利になるように適応する余地もあるだろう。

　IBMは昔から、"IBM means service" と言っている。つまり、IBMは、コンピュータの機械を売る会社ではなく、それが果たすサービスを売る会社だというのだ。最近では、「顧客の問題解決をする」会社と言い続けている。同じように、ゼロックスは、「コピー機械を売るのではなく、コピーサービスを売るのだ」とずっと言い続けている。いずれの企業も、お客さんの本当のニーズは、機械（製品）そのものにあるのではなく、その機械（製品）が果たす機能にあるのだといい、自身の事業はその本当のニーズに応えることにあるのだ、と宣言しているのだ。それは、たんにコンピュータを作って売る、コピー機械を作って売る企業に比べ、より顧客のニーズに迫った事業の定義になっているのがはっきりしている。

4 価値と性能とは違う

　メーカーは、製品の技術や性能を重視する。先ほどのドリルではないが、そのドリルを売るためにドリルの性能改善に走る。そして、改善された性能を売り物にして、消費者の購買意欲をかき立て、売上を上げようと考える。

　一概にそのやり方が悪いとは言えないが、そのやり方はマーケティング発想的ではない。そのやり方は、製品からの発想、技術からの発想である。そこには、消費者がその製品に対して本当に期待すること（価値）は、入ってはいないからだ。消費者にとっての価値を軽視し、自分の製品の性能ばかりにこだわっていると、成長の余地は乏しくなるだけでなく、悪くすると消費者から大きなしっぺ返しをくらう。

　ハーレーダビッドソン（以下、ハーレー）のケースを考えてみよう。

【写真1-1　ハーレーダビッドソン】

写真提供：ハーレーダビッドソン　ジャパン株式会社

　ハーレーは、もっぱら大型バイクを販売している。普通のそれより、ずっと図体が大きく重たい。ハーレーが開催するイベント会場では、横倒しになったハーレーを早く起こす競争や講習が行われることがあるが、車体が大きくて重いので、コツをつかまないとなかなかうまく起こすことができない。

　それを見て、「やはり、小さくて軽いハーレーにしなくては」と考えるかもしれない。ついでに、排気音も小さくしたほうが良いと考えるかもしれない。バイクの性能面から見ると、小さくて軽くて音が低いバイクは、確かに性能面では改良されていると言えそうだ。

　だが、このように改良されたハーレーは、はたして売れるだろうか。小さくて軽くて排気音の静かなハーレーを見たハーレーファンは、「それはハーレーではない」と言って、ハーレーから離れていかないだろうか。ハーレーとは、荒野を一人駆け回る男らしさの象徴であり、世の中の流れに対するある種、抵抗感覚の表現だと思っている人は、普通のバイクになったハーレーを見て失望しないだろうか。「性能」を追求するあまり、雄々しさといったハーレー固有の「価値」を失ってしまうことになりかねない。

　コカ・コーラ社も、この問題で大きい事件に直面したことがある。

　1987年にコカ・コーラ社は、「ニューコーク」を大々的に導入した。先にも述べたように多くの人に対して味覚調査を行って、「それまでのコカ・コーラに比べて、ニューコークのほうが美味しいという人が倍近く多い」という結果を得ていた。それで自信満々、ニューコークを投入した。ところが、「どうして、これまでのコカ・コーラをやめるのか」という消費者の反発は大きかった。電話での問い合わせ

Column 1 - 2

事業の定義：誰に（Who）、何を（What）、
　　　　　どのように（How）

　価値を消費者に提供する。だが、価値への期待は、万人同じではない。たとえば、外食。友人と楽しく会話を交わしながらする食事。一人でゆっくりととる食事。早くて安ければよいという食事、……。1つのレストランで、これらすべての期待に応えることはむずかしい。企業はそこで、特定の消費者に絞って価値を提供することを考える。たとえば、ファミリーレストラン。

　ファミリーレストランは、その名の通り、「家族向け」のレストラン。われわれがよく見るファミリーレストランは、その中でもとくに「小さい子どものいる家族」に焦点を当てる。その提供する価値は、「小さい子どものいる家族が食事の団らんを楽しむ」という価値である。

　小さい子どもは、周囲のことを気にせず騒ぐだろう。テーブルも汚すだろうし、レストランの中を駆け回ることがあるかもしれない。それが気になって、お父さんやお母さんは、小さい子どもを連れてレストランに行くのを控える、だが、その問題を解決したレストランがファミリーレストランだ。

　他のレストランにはない、工夫がある。レストラン内のテーブルや椅子は固定したものにする。それだと、椅子の両端に両親が座って子どもが動き回ることができない。メニューは、ハンバーグや海老フライなど子どもの好きなものを揃える。サービスも、食事はまず子どもから出す。早く食事を終えて退屈している子どもたちには、ちょっとしたおもちゃをプレゼントする。すべて子ども優先のサービスだ。

　つまり、ファミレスでは、「誰に（ターゲット）」（小さい子供のいる家族）と、「提供する価値」（家族の団らん）がハッキリしているので、「どのように」（そのための工夫）もユニークなものとなる。「誰に、何を、どのように」を決めることを、「事業の定義（Definition of business）」と呼ぶ。これが定まらないと、マーケティングは始まらない。

から始まり、コカ・コーラ復活のデモまで開かれるほどになった。同社は、慌てて元のコカ・コーラを再発売することでその危機を乗り越えた。性能は改善されたかもしれないが、消費者がコカ・コーラに本当に求めていた価値を軽視してしまったのだ。

コカ・コーラに本当に求めていた価値が何であるかを説明するのは難しい。たぶん、「小さい頃から私の側（そば）にあったコカ・コーラ。楽しいとき、悲しいとき、友と喜びあったとき、そしてその友と別れるとき、いつも自分の側にいたコカ・コーラ」といった感覚なのだろうと思う。そこにコカ・コーラの価値があったわけだが、「そのコカ・コーラが世の中からなくなってしまう！」消費者の反発はそうしたところから起こってきた。

多くの会社のマーケティングは、性能改善のマーケティングをしてしまう。本当のマーケターは、消費者にとっての価値に着目する。「消費者は、本当は何が欲しいのか」。いつも、これを念頭に置いてマーケティングを練るのだ。

5 おわりに

現代においては、マーケティング発想で経営していない企業はないといって良いくらいだ。そのことを、まず理解して欲しい。

マーケティング発想の第1は、消費者志向である。それは、「作った製品を売るのではなく、売れる製品を作る」という言葉で表現されてきた。

第2に、消費者のニーズを知ると言っても、経営者は近視眼的な理解に陥らないように消費者の深いニーズの理解に注意を払うべきである。言い換えると、「自身の事業は何か」を考えるとき、製品そのものではなく製品の果たす機能で、あるいは消費者がその製品をどのような目的の下に使おうとしているのかを考えないといけない。

最後に、製品の価値と性能とは違った概念であることを理解することが重要だ。価値とは、消費者が本当に欲しいもののことである。

? 考えてみよう

1. 自分のよく知っている事業の製品、たとえば、コカ・コーラ、キットカット、SK-Ⅱ、Wiiなどについて、その製品が果たす機能とその製品を購入する目的を考えてみよう。

2. 皆さんがよく行く、スターバックスを考えてみよう。昔流の言い方をすると「喫茶店」だ。しかし、普通の喫茶店は街から姿を消している。同じ喫茶店でも、スターバックスは成長している。普通の街の喫茶店と何が違っているのだろうか。

　同社は、どのような価値を提供したのだろうか。考えてみよう。

3．マーケティング近視眼の風潮に流れる業界の中で「消費者が本当に欲しいと思う価値」を実現した企業の例を考えてみよう。

参考文献・次に読んで欲しい本 ─────────────●

石井淳蔵『マーケティングを学ぶ』ちくま新書，2010年。

石井淳蔵、栗木 契、嶋口充輝、余田拓郎『ゼミナール　マーケティング入門』（第2版）日本経済新聞出版社、2013年。

セオドア・レビット（土岐 坤訳）『マーケティング発想法』ダイヤモンド社、1971年。

第2章

第2章

マーケティング論の
なりたち

1 はじめに

　もしＡとＢのかばんメーカー（あるいは店）があったとして、皆さんは単純にどちらをよいと思うだろうか。Ａ社の製品は黒一色の１種類のみだが、丈夫でとにかく値段が安い。一方のＢ社は、低価格のものから高級品までをそろえ、しかもスタイルや色も多種多様だ。

　何が何でも安いのがよいという人もいようが、たいていの人はＢと答えるのではないだろうか。実は、マーケティングが誕生した今から約100年前のアメリカで、同じことが起きた。現在でも世界的な自動車メーカーである、フォードとGM（ゼネラルモーターズ）の競争である。

　この章ではその話をきっかけとして、通常「マーケティング論」と呼ばれる学問のなりたちや、特徴などを説明していこう。それに合わせて、本書全体を通して鍵となる言葉、「顧客満足」の考え方についてもコラムなどで適宜触れたい。皆さんは、マーケティング論とはどのような学問なのかを、大まかでよいのでつかんでほしい。それによって、本書の各章がマーケティング論を構成する主要な分野であることや、それらの関連性を知ることができるだろう。

【図２-１　どっちがいい？】

Ａメーカー（店）　　　　　　　　　Ｂメーカー（店）

2 マーケティングの誕生

❖ フォードになくてGMにあったもの

　1908年、アメリカで画期的な車が発売された。フォードが開発した「Ｔ型フォード」という車である。それは耐久性に優れ、しかもこれまでの車とは比較にならないぐらい、安い価格がつけられていた。当時、車は一部のお金持ちの趣味や道楽の対象でしかなかった。しかし、Ｔ型フォードの登場によって、普通の、いわゆる一般大衆でも車を手に入れることが可能となったのである。

　フォードは低価格という武器にさらに磨きをかけるため、黒一色のＴ型フォード１車種に絞り込み、徹底した効率化を推し進め、大量生産によってどんどん価格を下げていった。それがさらに多くの顧客を獲得し、1921年には全米で販売されたおよそ150万台の車のうち、約２台に１台がＴ型フォードという事態を生み出したのだった。

　時の王者のフォードに対し、同じアメリカの自動車メーカーGMは、1920年代中ごろ、フォードとは異なるやり方で対抗しようと考えた。価格競争、つまりもっと安い車を作って、顧客を奪おうとはしなかったのである。代わりにとった方法は、低価格から高価格まで、価格帯が異なる６種類の車を自動車市場に送り込むというものだった。さらに、１車種の中には、セダンやクーペなどスタイルや色が異なるタイプの車を用意し、年ごとにモデルチェンジも行った。フォードが価格一辺倒だったのに対し、GMは普通の人から大金持ちまでそれぞれに合った車を生産したのである。フォード車にはない特徴を持たせて。

　この戦いは、結局GMの勝利に終わる。明暗を分けたのは、何だったのだろうか。

　一言でいうと、フォードは、消費者の集まりである市場というものの変化を見誤った。というより、市場に関してあまりに無頓着過ぎた、といってよいかもしれない。フォードの目標は、あくまでも生産志向の大量生産による低価格の実現だった。それが、消費者の満足を実現すると確信していたからだ。確かに発売当初は、車を持つこと自体が人々の大きな夢であった。だが、時代の経過とともに、人々は車を使う生活を経験していく。やがて、次の車に買い替えるとき、あるいは２台目

を買おうとするとき、単に安いだけではもはや満足しなくなっていたのだ。

　こうした消費者の気持ち（ニーズ）の変化を察知し、車のラインアップで対応しようとしたのがGMである。しかもそれだけではない。GMはほかにも、売るための仕組みを次々と整備していった。積極的な広告展開、ディーラーと呼ばれる販売業者へのサポート、お金がなくてもいいように分割払いを可能にした割賦販売制度など。現在の自動車メーカーが当たり前のように行っていることを、GMはすでにこの時代に実践していたのだ。そしてそれらは、フォードが力を入れてこなかった分野でもある。フォードになくてGMにあったもの、それこそが顧客満足を目指すマーケティングと呼ぶべきものであった。

❖ マーケティングが必要となった時代

　この話は、20世紀のはじめに、メーカーにとって製品を作ると同時に、それをいかに売るのかが重要な問題となったことを教えてくれる。当時のアメリカは、人口増加や鉄道・通信網の拡大によって、全国巨大市場が形成されていった。消費財メーカーは、その市場を当て込んで、技術革新に基づく大規模な設備を導入し生産能力を向上させた。

　しかし、製品が世の中にいきわたったり、競争も激しくなったりして、大量生産した製品が自然と売れることはなくなった。それはフォードの例を見てのとおりだ。しかも設備には膨大な資金を投入しており、それを早く回収する（製品を多く売る）必要も生じた。多くの製品が作れるようになったことは、それに見合うだけの顧客を獲得しなければ、企業の存続を危うくするというジレンマも抱えるようになったのだ。

　この販売の問題に対して、従来からの手法—流通業者への依存、値下げ、営業や広告の増強などでは対処しきれなくなり、新しい方法が模索された。GMの取り組みは、まさしくこれであった。

　こうした時代背景の下に、マーケティングは誕生した。マーケティングは、英語で「Marketing＝Market＋ing」と書く。「市場で売る」を意味する「Market」という動詞を、動名詞化した言葉だそうだ。販売や広告という言葉だけではとらえきれない、売るということに関わるより総合的な活動が企業に要求されたことで、この新しい言葉が作られたのである。

3 マーケティング論とは

❖ マーケティング論の特徴

　マーケティングが企業に導入されるのと歩調を合わせるように、マーケティング論も20世紀の初頭、大学で研究や講義されるようになった。それから100年あまり、マーケティング論は、さまざまなテーマを取り込みながら発展し今日に至っている。それについては次節で触れるとして、ここではマーケティング論の特徴を、経営学との違いという点から押さえておこう。

　マーケティングは企業経営の1つの活動であるので、マーケティング論も広い意味では経営学の中に分類される。事実、経営学の中の競争戦略論とは、重なる部分も大きくある。しかし厳密にいえば、経営学を「組織をうまく運営するための学問」という狭い意味でとらえた場合、マーケティング論はそれとは一線を画すものである。

　次の**図2-2**を見てほしい。これを見ればわかるように、マーケティングがしていることは、基本的には消費者の集まりである市場に向けて製品・サービスを売り、代金を得るという売買取引である。

　しかし、中央の矢印部分だけをマーケティングというのではない。図の右下に示

【図2-2　マーケティングのイメージ】

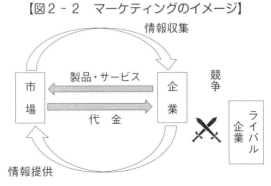

出所：コトラー他（2014）、p. 13を一部修正

Column 2 - 1

マーケティングを一言でいうと……

　もし、皆さんが人からマーケティングって何？　と聞かれたら、どう答えるだろうか。以下にあげた言葉や文章は、マーケティングを表すものとして、テキストなどに登場する表現である。
- 作ったものを売るのではなく、売れるものを作る（第1章で説明）
- 売れる仕組みづくり
- 顧客の創造と維持
- セリング（売り込み）を不要にすること（⇒考えてみよう2.）
- ニーズに応えて利益を上げること
- 顧客の価値と満足を理解し、創造し、伝え、提供すること
- 企業の市場創造活動

　これらに強調されていることは、マーケティングとは決して販売という行為だけを指すものではないということである。

　また定義としてよく紹介されるのが、マーケティングの実務家や研究者の団体である「アメリカ・マーケティング協会（AMA）」が掲げているものである。何度か改訂されているのだが、一番最近のものを示しておこう。

　　Marketing is the activity, set of institutions, and processes for creating, communicating, delivering, and exchanging offerings that have value for customers, clients, partners, and society at large.
　　（2007年/2013年再認）

　英語の得意でない方も、辞書を片手に訳されてみては？

したように、同じ市場を狙ったライバル企業との競争がここに存在する。したがって、その競争に勝つためにも、刻々と変化する市場の情報を収集したり、逆に製品に関する情報を広告などで提供したりと、こうした情報活動が重要になってくる。具体的には、市場のニーズ調査や、スマートフォンやゲーム機など新製品を提案して新たな顧客を生み出していくようなことだ。

　市場のニーズに適応したり、市場に働きかけたりと、売買を含めてそうした市場とのやり取り―コミュニケーションをすること、そしてそのために必要な仕組みを作ること、これがマーケティング論の扱う世界である。

　これに対して狭い意味での経営学には、この市場とのコミュニケーションという

視点は、マーケティング論ほど強く持ち込まれてはいない。どのような組織にすれば効率的か、どのような制度を設ければ従業員はやる気になるのかなど、その視線の中心はあくまでも企業に向いている。

　市場でお客さんに向かって「この製品を買ってください」というのと、社長が部下に「この仕事をしてください」というのとでは、意味は全く異なる。企業には、最終的に「やれ！」という命令関係があるのに対し、お客さんと企業はそのような関係にない。買う、買わないは、100パーセントお客さんの自由なのだ。どんなに企業が努力しても、お客さんがいらないといえば、それまでだ。しかし、だからといってあきらめてしまうわけではない。こうした状況下で、企業は製品を売るために、何をどうすればよいのかと考え続けることこそが、マーケティングの醍醐味である。

　その基本哲学は、第１章で述べられた「顧客満足」というマーケティングの原点に落ち着く。お客さんのニーズに合ったものを作るから顧客は満足し、売るという成果につなげることができるのだ。皆さんも本当に満足できるものであれば、たとえ長時間行列に並ぶことになっても、買おうとするはずである。それだけニーズに適合するというのは、パワーを持つのだ。

❖ マーケティング論の中核：マーケティング・マネジメント論

　売るということに関わる総合的な活動をマーケティングと呼び、その方法が模索され始めた当初は、まだまだその考えの中心は製品であった。それは、マーケティングの研究者や実務家たちの団体であるアメリカ・マーケティング協会（AMA）によって1948年に初めて示された「マーケティングとは、生産者から消費者あるいは使用者に向けて、製品およびサービスの流れを方向付けるビジネス活動の実行である。」という定義からもうかがえる。ここにあるのは、まず製品があってそれをどう販売するかという視点である。そうなると、製品の機能や性能といった品質面に目が向くのはある意味当然であった。しかし、この製品重視の考え方は消費者のニーズとかけ離れてしまう危険性をはらんでいる。ちょうどフォードが、愚直に低価格の丈夫で長持ちするという車にこだわった事例からもわかると思う。

　やがて1950、60年代になると、マーケティング論の世界では、製品よりも顧客に満足してもらうことを中心にマーケティングをとらえるべきではないかという議論がなされるようになった。そして顧客満足という理念のもとにマーケティング

の各活動を１つの形として整えた（体系化した）のが「マーケティング・マネジメント論」である。現在でもマーケティング論の中核をなしている。

　その基本的考え方はすでに第１章で述べられている。具体的な事例と説明も次の第３章でされるので、詳しくはそちらを見ていただきたい。簡単にいえば、ある１つの製品を売るとき、企業はどんなことを考え実行しなければならないのかを、４つの内容（製品、プロモーション、流通、価格）で整理し、それを買ってもらいたい顧客に向けて、統一的に組み合わせていくというものである。

　そしてこの４つは、それぞれマーケティング論を構成する下位分野としても確立している。「製品開発論」、「価格戦略論」、「広告論」、「マーケティング・チャネル論」というタイトルの本を、どこかで見る機会があるかもしれないが、そういうものである。本書では、第Ⅱ部「マーケティングのマネジメント」の第４章から７章がその４つに対応している。

❖ マーケティング論と関連する分野

　マーケティングは、市場のニーズに適応するための情報収集が重要だと先ほど述べた。マーケティングの出発点は、消費者ニーズを知ることだと言い換えてもよい。では収集した情報を、どう活用すればよいのか。そもそも、どんな情報をどのように収集すればよいのか。そんなとき指針を与えてくれるのが、「消費者行動論」という分野だ。

　消費者はどのような心理過程を経て、製品を買うのか。消費者が満足するとは、どのようなことなのか。消費者行動論は、心理学や社会学の理論を用いたり、消費者への調査や実験を行ったりして、そうした問題を解明しようとしている。

　また、情報収集のための市場調査の方法について研究がなされているのが、「マーケティング・リサーチ論」である。そこでは、具体的な調査技法などが明らかにされる。消費者行動論と強く結びついている分野でもある。本書の第12章では、この両分野をまとめて「顧客理解のマネジメント」として、そうした事例が説明される。

　さらにGMの事例で少し触れたように、消費財メーカーは広告などで消費者に直接働きかけはしても、直接製品を販売することは通常ない。卸売業者や小売業者といった流通業者を介し販売している。流通業者とどのように取引を実現させ、情報や物流の仕組みを作っていくのかは、マーケティングにおいてとても大切である。

したがって、流通の姿や、流通業者の行動原理などを論じる「流通（システム）論」は、マーケティング論と深いつながりがある分野である。本書では第7章「チャネルのマネジメント」、第8章「サプライチェーンのマネジメント」が、特に関連する内容となっている。

4 現実とともに進化するマーケティング論

❖ マーケティング論の発展

マーケティング論は、冒頭で示した歴史的事情もあって、消費財メーカーにおけるマーケティング・マネジメントを議論の中心に展開していった。しかし、社会や企業のマーケティングが変化するにつれて、マーケティング論が取り扱う内容も変わっていった。その変化を、ここでは2つの方向から整理しておこう。

1つは、マーケティング・マネジメント論において、従来にはない新しいテーマが持ちあがったということである。たとえば、「サプライチェーン（第8章）」、「営業（第9章）」、「ブランド（第13、14章）」の話がそれにあたる。いずれも現実のマーケティングにおいて、重要性が増してきたからである。

もう1つは、マーケティングする対象が広がっている。1970年代以降、企業は多角化によって、事業をどんどん拡げていった。電機メーカーであれば、テレビ、冷蔵庫、洗濯機、パソコン……と多数の事業を抱え、それぞれの事業に多くの製品を持っている。そうした事業群をどのように構成し、ヒト、モノ、カネ、情報という経営資源を配分すればよいのか、企業全体として市場にどう適応すればよいのか、ということが重要な課題となってきた。マーケティング・マネジメント論は、あくまでも個別製品の枠組みでしかなく、それではカバーしきれない状況が生じたのである。そこで登場したのが「戦略的マーケティング論」であった。

また、1960、70年代、理念として顧客満足は重要という一方で、不正・不当な販売行為や欠陥商品を売りつけたりしたことに端を発する消費者運動や公害問題の発生などを背景として、企業の社会的責任がクローズアップされるようになった。それに呼応して「ソーシャル・マーケティング論」が生まれる。マーケティングは製品を売ればそれでよいのかという問いかけや、学校、病院、自治体など非営利組

織へのマーケティングの応用を考えるというのが、そのテーマであった。近年、法令遵守やメセナなど企業の社会性が改めて強調されたり、地球環境問題が高まったりして、再び注目を集めている。本書の第15章は「社会責任のマネジメント」として、マーケティングに絡めた社会的責任の取り組みが紹介される。

さらに、部品や原材料を対象とした「生産（産業）財マーケティング論」や、ホテルや飲食などのサービス財を扱う「サービス・マーケティング論」が登場した。あるいは、世界的な事業展開の問題を考える「グローバル・マーケティング論」、インターネット時代に対応した「デジタルマーケティング論」など、それぞれの時代を反映する形で、新しい分野が次々と確立している。

❖ 新しいマーケティングの視点

ところで、何をマーケティングするかではなく、マーケティングに対する見方そのものに関して、1990年代ごろから新しい考え方が登場した。それは「マーケティングとは、顧客との関係を構築し、それをうまく運営していくことだ」という主張である。「関係性マーケティング論」、あるいは「リレーションシップ・マーケティング論」という。もともとは、サービス・マーケティング論や生産財マーケティング論での議論を基にして発展したものである。詳しくは、第10章「顧客関係のマネジメント」のところで説明される。

それまでは、マーケティングの核心を「消費者にとって価値あるものと、企業が求める価値（貨幣）との交換をスムーズにさせること」、つまり両者が満足する「交換」とみなしていた。これに対して、関係性マーケティング論では、1度きりの交換ではなく、長期にわたり繰り返し買ってもらえる関係や、製品開発のときなどに特定の顧客と一緒になって新しい価値を作っていく協働作業を重視する。

本書は、「関係性マーケティング論」をそのまま取り上げているわけではない。しかし、「マーケティングとは関係づくりの仕組みだ」、という視点は持ち合わせている。第Ⅲ部を「関係のマネジメント」としたのは、そういう理由からだ。

たとえば、第13、14章で説明されるブランドは、企業と顧客の強い絆―関係を作る重要な資産である。皆さんの中にも、ある特定のブランドを買い続けている人は多いだろう。また第15章の社会責任の話も、それは市場を超えた企業と社会との関係のあり方ととらえることができる。このように、第Ⅲ部の各章は「関係」という視点でマーケティング現象を見つめ直した結果、選定されたテーマである。

Column 2 - 2

顧客満足のメカニズム

　「この前駅のそばにできたイタリアンのお店、雰囲気も素敵ですごく美味しかったから今度行ってみらいいよ。」食通の友達からそう勧められ、期待に胸ふくらませたあなたはその店に実際に行ってみたけれども、友達がいうほどには満足できなかったという経験はないだろうか。

　長年顧客満足について研究を進めてきたマーケティング論や消費者行動論の世界では、この現象を次のように説明する。顧客の満足（あるいは不満足）は通常、その商品やサービスを消費して得たと感じたもの—知覚水準だけによって決まるのではなく、前もってその人が商品やサービスから得るだろうと期待したもの—期待水準と、知覚水準との一致度合いによって決まる。これを「期待－不一致モデル」と呼び、顧客満足のメカニズムを表す最も支配的な仮説となっている。このモデルに従うと、「知覚水準＞期待水準であれば、満足」、「知覚水準＜期待水準であれば、不満足」という図式になる。

　冒頭の話でいえば、あなたが行った時の雰囲気や料理が決して劣っていたのではなく、食通の友達がいうものだからと、あなたが勝手に期待水準を上げてしまっていたので、それほど満足できなかったというわけである。

　このモデルの要点は、第1に、満足は事前に抱いた期待と事後の評価との比較でその程度が決まるということ、第2に、しかも評価は必ずしも客観・合理的なものだけではなく、感覚・情緒的な心理にも基づくということである。知覚という言葉はそれを示している。

　企業は広告などで消費者の事前の期待水準を大きく高めてしまうと、後で「期待外れ」という手痛いしっぺ返しを食らうことになる。一方で、最初に期待水準を下げすぎると、使用後に大きな感動を呼んだりもするが、そもそも買ってもらえるのかという問題が発生する。そのあたりのさじ加減が難しいところである。
（小野讓司『顧客満足「CS」の知識』日経文庫、2010年）

　さらにこの関係という視点は、スマートフォンを常用するデジタル社会の進展により、企業と顧客との1対1の関係だけではなく、SNSなどで顧客同士が横につながる関係（コミュニティ形成）も交え、企業と顧客との協働・共創といった、マーケティングにおいて新たなテーマとして持ち上がっている。

5 おわりに

　本章は、マーケティング論とはどのような学問かということについて述べながら、各章のマーケティング論上の位置づけを概説してきた。本章をまとめると、次のようになる。

　第1に、マーケティングは、大量生産が可能となった消費財メーカーにおいて発生した販売の問題解決方法として登場したことである。

　第2に、マーケティング論は、単に市場での売買取引だけに着目するのではなく、それを成立させるための、市場と企業とのやり取り―コミュニケーションに焦点を当て、そこから企業経営の仕組みや、それに関わる現象を考える学問である。

　第3に、そのやり取りにおいて重要点は、顧客満足を基礎として「顧客との関係を構築し、それをうまく運営していくこと」である。そして、そのあり様はデジタル社会の進展により新たな局面を迎えている。

　皆さんにとって、マーケティング論は興味を持ちやすい分野だろう。それは、よく知っている企業の事例が多く用いられるというのが1つ。それと、企業でマーケティングに携わったことがなくても、消費者としての経験を持つというのが大きい。インターネット、テレビ、新聞、雑誌やそこに出ている広告など、あらゆるものが教材となる。お店に行けば、そこはマーケティングの宝庫。この製品やメーカーは、消費者に買ってもらうためにどのような努力をしているのか、本書で身につけた知識で、今一度身の回りを眺めてほしい。そうすれば、「1からのマーケティング」を2や3、いや10、20……と進めることができるだろう。

? 考えてみよう

1．マーケティング論は、組織をうまく運営していくという意味での経営学と、どのような違いがあるのか考えてみよう。

2．有名な経営学者であるピーター・ドラッカーは、マーケティングの究極の目標を「セリング（売り込み）を不要にすることだ」と述べた。なぜ彼は、そのような言い方をしたのか考えてみよう。

3．あなた自身が顧客として、あるいはアルバイトなどの仕事の中で、特定の製品（ブランド）や企業、あるいは店と顧客が結ばれていると感じる場面はないだろ

うか。自身の体験にもとづき、なぜそうなのか、企業はそのためにどんな努力を
しているのか、などについて考えてみよう。

参考文献

近藤文男『成立期マーケティングの研究』中央経済社、1988年。

嶋口充輝、石井淳蔵『現代マーケティング』（新版）有斐閣、1995年。

フィリップ・コトラー、ケビン・ケラー（恩藏直人監修・月谷真紀訳）『コトラー
　＆ケラーのマーケティング・マネジメント』（第12版）ピアソン・エデュケー
　ション、2014年。

リチャード・テドロー（近藤文男監訳）『マス・マーケティング史』ミネルヴァ書
　房、1993年。

次に読んで欲しい本

石井淳蔵、栗木 契、嶋口充輝、余田拓郎『ゼミナール　マーケティング入門』（第
　2版）日本経済新聞出版社、2013年。

高嶋克義、桑原秀史『現代マーケティング論』有斐閣、2008年。

田村正紀『マーケティングの知識』日経文庫、1998年。

第 **3** 章

マーケティングの基本概念

1　はじめに

　現代の企業にとって、「売れるものをつくる」、すなわち消費者が欲しいと感じて買ってくれるものを用意することが、きわめて重要である。技術力や品質の面でいかに素晴らしいものづくりができたとしても、それが消費者に受け入れられなければ、売上げも利益も満足に得ることができない。消費者にとっての価値を提供して取引を成立させることが、マーケティング活動に期待される役割である。

　しかし、これはなかなかの難題である。読者の皆さんも、一人の消費者として自分のことを振り返ってほしい。テレビCMやインターネットの動画で、自分の好きなタレントが出ていたり、何だか気になるキャッチコピーが頭から離れなかったり、といったことがあるだろう。だからといって、そこで宣伝されている製品をすぐ買おうと素直に思うだろうか。あるいは、同じ買うなら少しでも安いものを選んで賢い消費を実践しようと思っていたのに、実際に店頭でいろいろ見ているうちに、考えていた予算以上の価格のものを買ってしまったというようなことはないだろうか。われわれ消費者は、目をひく宣伝や安い値段だけで製品を買ってしまうほど、単純ではない。

　だから、企業が行うマーケティング活動も、しっかりとした組み立てで展開されなければ消費者には通じないのである。本書を構成する各章において、そうしたマーケティングの仕組みや課題について具体的に取り上げることになるが、それにあたって本章では、まず読者の皆さんに理解してもらいたい「マーケティングの基本概念」について解説していこう。

2　ペットボトル入りコーヒー「クラフトボス」

❖ 日本マーケティング大賞に輝いたコーヒー

　優れたマーケティング活動とは、どのようなものなのか。具体的な事例を知りたい場合に参考となるのが、日本マーケティング協会が2008年度から実施している

【写真3－1　2017年に発売されたクラフトボス】

提供：サントリー食品インターナショナル株式会社

表彰制度「日本マーケティング大賞」である。企業はもちろん、地方自治体や
NPO組織などが手がけた「社会に新しく需要を喚起、あるいは市場を再活性した
優れたマーケティング活動」を対象にして、マーケティング分野の有識者や実務家
による審査が行われている。

　その2018年度大賞に輝いたのが、サントリー食品インターナショナル（以下、
サントリー食品）の「クラフトボス」である。透明なペットボトルに入ったコー
ヒーで、2017年4月に発売されてから年末までに1,000万ケースを販売、翌
2018年も年間2,700万ケースに達する大ヒットとなった。それまで、サントリー
食品のような飲料メーカーが販売するコーヒーと言えばほとんどが缶コーヒーだっ
たが、クラフトボスの後を追って競合他社からも同様の新商品が相次いで登場し、
ペットボトルコーヒーという新しいソフトドリンクのカテゴリーが生み出されたと
いえる。

❖ 売れないと考えられていたペットボトル入りコーヒー

　飲料容器として、金属の缶とペットボトルとの大きな違いはリシール性、つまり
再びフタを閉めることができるかどうかである。キャップを捨てさえしなければ、
ペットボトル容器は中の液体が漏れたり蒸発したりしないようにフタを閉めること

ができる。それが登場したのは1996年で、今では多くのソフトドリンクの容器としてペットボトルが用いられている。

　しかし、コーヒーに関しては長らく、缶入りの製品が大半を占めてきた。製造工程での加熱殺菌が必要でそれに耐えることができるスチール製の缶でなければいけなかった、といった事情もあったようだが、技術の進化により高温加熱する必要のない無菌充填ペットボトルというものが登場した後も、やはり缶コーヒーが主役だった。ペットボトル入りコーヒーの新製品が発売されたこともあったのだが、コーヒーは缶入りというイメージが強かったためか、消費者からの十分な支持を得られず市場から姿を消していったという。この点で、クラフトボスが透明なペットボトルに入って登場したことはとても特徴的であった。

　コーヒーの容器という点では、缶とペットボトルではその大きさの違いもあげられる。販売されている缶コーヒーの主流は180mlのショート缶だが、ペットボトル容器は500ml前後のものが多く、クラフトボスもそのサイズで発売された。

　フタを再び閉めることができず、容量も小さい。そう書くと缶コーヒーにはメリットがないように思えるのだが、逆にそうした点が缶コーヒーの愛飲者たちにとっては「ちょうどよい」製品の特徴だったのだ。缶コーヒーは、購入者の約9割が男性だといわれている。その飲用シーンとしては、彼らが忙しい仕事の合間などに「ほっ」と休憩をとったり気分を変えたりする状況が想定されている。つまり、缶コーヒーは喉が渇いたときにゴクゴク飲むソフトドリンクではなく、比較的短い時間に味や香りを楽しみながらリフレッシュするための飲み物として買われているのだ。だから、フタをして長い時間残しておく必要はないし、コーヒーカップ一杯と同じくらいの量で十分なのである。

　このように振り返ると、なぜクラフトボスが大ヒットしたのか不思議に感じてしまうだろう。しかし、マーケティングの観点からこの製品の開発経緯を眺めると、それがとてもよく考えられたものであったことが見えてくる。以下で、マーケティングの基本概念を解説しながら、クラフトボスの優れたマーケティング活動についても紹介していこう。

3　STP：マーケティング活動の第一歩

❖ 自社の顧客は誰なのか

　企業にとって、市場での競争において重要なのは、自社の製品が競争相手の製品とは異なる特色を持ち、かつその特色が多くの消費者の購買を促すような魅力的なものであるかどうか、ということである。そうでなければ、消費者は自社製品ではなく競争相手の製品を選ぶ（選好する）であろうし、自社製品は満足な成果を挙げられずに市場を去らざるをえないことになるだろう。

　大手メーカーがいくつも存在し、各社が新製品を次々と投入してくるソフトドリンクのような市場では、そうした競争がひときわ厳しいものとなる。だから、自社製品を含め市場に存在するさまざまな製品の特色を分析すること、そして消費者がどのような製品を選好するのかを探ることが、とても重要となる。

　しかし、そもそも「どんなものが魅力的か」ということは、人によって異なるはずである。ちょっと、近くにいる人を眺めてみよう。その人は自分とまったく同じ腕時計をつけていたり、同じ服を着たりしているだろうか？　たとえ、同い年で生活圏も近い学校のクラスメート同士であっても、そんなことはめったにあるものではない。つまり、われわれはみな"違うタイプの消費者"であって、人それぞれ、好みや使えるお金やモノの必要度が違うのだ。

　消費者は一様ではない。私たちは経済の問題を論じたりする際に、つい「消費者のニーズが……」とか「消費者の財布の紐が……」といったように、「消費者」とひとくくりにしてしまいがちであるが、マーケティング課題を考える際には、「どんな消費者」が問題のポイントなのか、という発想が必要である。

　ただし、消費者が一様ではないからといって、個々の消費者にふさわしいそれぞれ違った製品を企業が用意して売るのか、というとそれはまた無理な話である。そんなことをすれば、多種多様な製品をわざわざ作って個々の消費者に届けるまでに、膨大なコストがかかってしまう。同質の製品を大量に作ったり販売したりして規模の経済がもたらされるからこそ、われわれ消費者が買える程度の価格でそれが手に入るのである。

そこで、実際にマーケティング活動を行う場合には、マーケット・セグメンテーション（市場細分化）という考え方が重要となる。たしかに市場の消費者はそれぞれ異なっているが、しかし何らかの基準（たとえば、年齢層、居住地域、所得レベル、流行への敏感度、当該製品の使用経験、など）で市場全体を分類すると、似通った特徴でくくることのできる消費者群（これを市場セグメントと呼ぶ）に細分化できる。それら個々のセグメントに関して、そこを構成する消費者たちに共通して魅力を感じてもらえるような製品を提供することができれば、かなりの程度で規模の経済を実現しつつセグメント内の多くの消費者に自社製品を受け入れてもらえる、ということが期待できるわけである。

市場の消費者全体が、いくつかのセグメントで構成されているということがわかれば、企業側はそのうちのどのセグメントをターゲットとするのか（つまり、どのようなタイプの消費者群を顧客にしたいと考えるのか）、ということを設定する必要がある。これが、ターゲティングと呼ばれる意思決定である。

この際、いくつかのセグメントのうち１つのセグメントだけを狙う場合もあるし、複数のセグメントを対象とすることもある。しかし、セグメントが異なればそのそれぞれの消費者群に対して有効なマーケティング活動も違ってくる、という点に注意しなければならない。単一のセグメントにターゲットを絞るなら、（他のセグメントはともかく）その狙ったセグメントの消費者群にもっとも有効なマーケティング活動を展開しないと、効率的でないだろう。複数セグメントを相手とするなら、それぞれの消費者群に有効なマーケティング活動をそれぞれ計画・実行しないと、効果的ではないだろう。

❖ クラフトボスのセグメンテーションとターゲティング

図３－１に、クラフトボスが市場投入されるにあたってサントリーの製品開発担当者が市場セグメントをどのように分類したのか、ということの概念図を示した。

1992年の発売以来、BOSSブランドが一貫して大事にしてきたのは「働く人の相棒」というコンセプトである。かつては、日本で「働く人」といえばホワイトカラー（主に企業のオフィスで働く事務系の職種）とブルーカラー（工場や作業現場などで働く技能系や肉体労働系の職種）に大きく分けるのが一般的であった。加えて、多くの場合それらの労働者は男性であることが想定されていた。BOSSブランドは、その両方のタイプの労働者をターゲットにし、複数の種類の缶コーヒーを展

【図３‒１　「働く人」セグメントの変化】

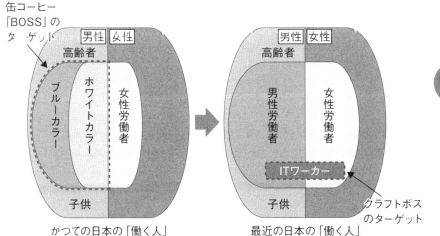

出所：筆者作成

開して、ふさわしい飲用シーンのイメージをテレビCMなどで表現してきた。働く男たちが、仕事で疲れたり落ち込んだり、大事な仕事の前に緊張したりしている時、近くにある自動販売機やコンビニへ行けば、そこには寄り添う相棒としてのBOSS缶コーヒーがあるということをアピールしてきたのである。

　しかし、女性の社会進出が進み、日本企業の雇用慣行（年功序列や終身雇用など）が崩れはじめ、情報技術の発展などにより新分野の職種が現れてくると、時代の変化とともに日本の「働く人」の様相も変わった。2017年発売のクラフトボスは、システムエンジニアや情報サービス担当者といったITワーカーという新しいタイプの労働者たちにターゲティングしたのである。そうした職場には、従来の缶コーヒー愛飲者ではなかった若者や女性たちも多く働いているので、BOSSブランドにとっての新しい顧客開拓につながることも見込めた。

❖ 自社の競争相手は何なのか

　ターゲットとする市場セグメントを定めたら、そこで展開しようとする自社製品の競争相手がどんな製品なのか、ということを考えなければならない。消費者の側からすれば、自分が欲しいものや必要なものを、多数の企業のさまざまな製品から

【図3-2　クラフトボスのポジショニング例】

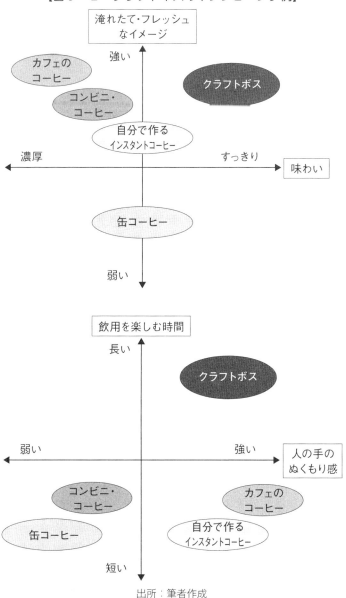

淹れたて・フレッシュ
なイメージ

強い

カフェの
コーヒー

クラフトボス

コンビニ・
コーヒー

自分で作る
インスタントコーヒー

濃厚　　　　　　　　　　　　すっきり　　　味わい

缶コーヒー

弱い

飲用を楽しむ時間

長い

クラフトボス

弱い　　　　　　　　　　　強い　　　人の手の
　　　　　　　　　　　　　　　　　　ぬくもり感

コンビニ・
コーヒー

カフェの
コーヒー

缶コーヒー

自分で作る
インスタントコーヒー

短い

出所：筆者作成

選ぶことができるのが一般的な状況である。たくさんの選択肢を持つ消費者に自社製品を選好してもらうには、競争相手の製品とは違う魅力を感じてもらう必要があるのだ。

　したがって、ターゲットとするセグメントを構成する消費者が魅力を感じるのはどのような特徴なのか、そのことについて同じセグメントをターゲットとしている競争相手はどのような製品を展開しているのか、そして自社製品に独自の魅力を感じて購入してもらうにはどのような特色をもたせればよいのか、ということを考えなければならない。こうした、製品の位置づけに関する意思決定をポジショニングという。

　図3－2は、ITワーカーたちが「ほっ」と一息つくために何かドリンクを飲もう、と考えた時に思い浮かべるであろうイメージを図示したものである（こうした図を「知覚マップ」と呼ぶ）。ここでは、話をわかりやすくするためにコーヒー以外の飲料は除いて考えているが、それでもいろいろな選択肢がある。その中で、ITワーカーの好むような位置づけになるようクラフトボスの味や容器などの設計がなされたということが、大きなヒットにつながった要因といえる（この点については、次節で詳しく紹介する）。

　以上のようなマーケット・セグメンテーション、ターゲティング、ポジショニング（略してSTPとも呼ばれる）を行うことが、マーケティング活動を展開するための第一歩となる。

4 統合されたマーケティング活動

　そのようなポジショニングを実現するためのマーケティング活動は、製品（Product）政策、プロモーション（Promotion）政策、流通（ものを売る場所、という意味でPlace）政策、価格（Price）政策、が基本的なものとなる。これらはまとめてマーケティングの4Pと呼ばれ、市場において統合的に展開される（Column 3－2参照）。それぞれの詳細は本書の第Ⅱ部で解説されるので、ここではその概要をクラフトボスと関連させながら紹介しよう。

Column 3 - 1

ポジショニングが先行することもあるSTP

　本文で紹介したように、クラフトボスの製品開発過程では「市場セグメントを分析し、その中からターゲットとする消費者（ITワーカー）を選択する」、そして「その消費者にとっての、他のコーヒーとは異なる魅力的なポジションは何かを考える」ということが行われていた。しかし、後から整理すれば確かにそう理解できるのだが、実際にはそうした一直線に作業が進むプロセスではなかったようだ。

　クラフトボスが発売される３年も前から、同社では「香りが高い、でもすっきりとした味で飲みやすい」ブラックコーヒーの開発が始められていた。コーヒーは香りを強くすると苦味も比例して強くなるという。しかし、「缶コーヒーはおじさんの飲み物」というイメージを持っている若者に受け入れられるよう、そうした消費者が好む爽快感のある味の実現を目指していたのだ。この段階でのターゲティングは、缶コーヒーの愛飲率が高くない「若者」を狙うというざっくりしたものといえる。

　それが、発売予定まで３ヶ月というタイミングで、「働く人の相棒」というBOSSブランドのコンセプトに立ち返って設定されたのが「ITワーカー」というターゲティングだったという。そうした職種の人たちが望んでいることを探るため、製品開発担当者たちは何十人ものシステムエンジニアたちへのインタビュー調査を実施したそうだ。その結果として浮かび上がってきたのが、同僚とのコミュニケーションが希薄な職場、トラブル対応が多く疲れを感じることが多い仕事がIT関係では多いこと、また日常でデジタル技術に触れることが多いからこそアナログや手づくりといった人のぬくもりを感じるようなアイテムを大事にしていること、などだった。手間をかけて生み出される「香り高いがすっきりした味のペットボトル入りコーヒー」なら、長時間の孤独な作業をしながら少しずつ味わう、ITワーカーの相棒としてぴったりだということになる。

　こうしたケースは、Ｓ→Ｔ→Ｐという順番ではなく、まずＰ（普通のコーヒーとは異なる味わい）が先行して存在し、それに魅力を感じてくれる消費者はどのような人たちか（ＳとＴ）を考える、というプロセスということになる。重要なのはSTPを検討する順番ではなく、それらの要素を組み合わせるストーリーについて消費者の立場から何度も検討を重ねることだといえるだろう。

❖ Product：製品政策

　製品政策とは、自社がどのような製品を提供していくかということに関する活動である。たとえば、どのような新製品を発売するか、既存の製品を状況の変化にあわせてどうリニューアルしていくか、といったことを計画・実行することが必要になる。

　このとき、自社がどのような製品をつくることができるのかという技術的な問題ももちろん重要であるが、マーケティングにおいて製品に関する意思決定をする際には、製品を便益の束ととらえる考え方が重要である。便益とは、その製品を購入・使用することによって消費者が手にする価値のことである（第1章の「マーケティング近視眼を避けよ」の部分で説明されている、製品の果たす機能とか消費者の目的、というのはこの便益のことだと理解すればいいだろう）。

　クラフトボスの場合、ペットボトル入りでフタができ、味わいもすっきりしているので、仕事をしながら長い時間をかけて楽しめるという便益があるだろう。また、その容器の中にあるコーヒーは手間をかけて作られているものであり、クラフト（手づくりの工芸品、という意味）を愛するITワーカーにとっては缶コーヒーなどとは違う満足感を得られる、という便益もありそうだ。

　製品とは、そうしたいろいろな便益の集合（束になったもの）としてとらえるのだということが、ここでのポイントとなる。そして、それを具現化できるように製品仕様の設計を行うことが求められるのである。

❖ Promotion：プロモーション政策

　プロモーション政策とは、自社の製品に関する情報を消費者との間でいかにコミュニケーションしていくか、ということに関する活動である。消費者に便益をもたらすものとして開発された製品について、企業はその名前を知ってもらったり、買いたいと思ってもらったりされるよう、消費者と対話していかなければならない。

　テレビCMも、そのための手段の1つである。クラフトボスでは、IT技術を身につけた若い社員が自由なスタイルでパソコンに向かっているオフィスがCMの舞台となり、少し年上の（缶コーヒーを飲んでいそうな）上司が、自分より若い同僚（部下だけでなく、社長も若い！）にたくさんの軽いショックを受ける、という様

子をユーモラスに描いている。ITワーカーにとっては、スーツ姿で頑張るビジネス
マンや現場で汗を流す労働者の姿が描かれることの多い缶コーヒーのCMには、あ
まり共感を持たないだろう。

　そうした映像は、テレビCMだけでなくインターネット動画としても配信されて
いる。テレビをあまり見ないというITワーカーには、ネットを通じたコミュニケー
ションのほうがメッセージが届くことだろう。

❖ Place：流通政策

　流通政策とは、どのような道のりを経て製品を消費者に届けるのかということに
関する活動である。メーカーは、自社の製品をどのような小売店に並べたりどのよ
うな販売形態にしたりすればターゲットの消費者にうまく届くのか、ということを
考える必要がある。また、メーカーとして望むような販売の仕方を流通業者に行っ
てもらうにはどうすればよいのか、考える必要もある。

　サントリー食品は、日本全国にとても多くの自動販売機を配置している。扱いた
い自社製品を値引きせずに販売できる自販機は、メーカーにとって重要な販売方法
である。消費者にとっても、飲みたいと思ったときにすぐに買えるという点で、身
近な場所に設置された自販機は便利な存在である。また、ソフトドリンクでさまざ
まな種類の人気製品を展開しているサントリー食品なので、コンビニエンス・スト
アにとっても扱いたいものがいくつもあり、飲料売場の冷蔵ケースでは多くの同社
製品が並べられている。

　クラフトボスも、発売当初からそうした同社の強みを生かして販売された。とく
に、当時はコンビニ店舗での淹れたてコーヒーが人気になっていた頃であり、カ
フェ・チェーンからも客がコンビニへ流れていると言われるほどだったので、おい
しいコーヒーを求める消費者が立ち寄るようになったコンビニが、クラフトボスに
とっても重要な販売場所として考えられた。

❖ Price：価格政策

　最後に価格政策とは、製品をどのような価格にして展開していくかということに
関する意思決定である。当然のことだが、最終的にその製品を購入することになる
消費者にとって魅力的な、あるいは納得のいく価格かどうかということが重要であ

Column 3 - 2

マーケティング・ミックス

　目指すポジショニングを実現するために、マーケティングの4Pが計画・実行される。しかし、ここで注意しなければならないのは、4Pの各要素をそれぞれ消費者の動向に適切に対応させるということが大事なのではない、という点である。より重要なのは、「4Pの各要素それぞれが適切」なのではなく、「4Pが全体として適切」に消費者に対応しているかどうか、という点である。

　たとえばクラフトボスの場合、ITワーカーの若者や女性がターゲットだからということで、そうした人たちの飲用スタイルに合った容器やコーヒーの味わいで製品化するということだけでは、おそらく十分な販売成果にはつながらなかったのではないか。従来の（缶コーヒーの）BOSSと同じようなテレビCMシリーズを踏襲していたら、その価値はターゲットとした消費者に十分伝わっただろうか。缶コーヒーとくらべておよそ3倍の容量があるからといって、それを反映させた価格設定にしていたらコンビニ店頭で選んでもらうことができただろうか。

　4つのPは、どれか1つにだけ注力したり改善したりしても有効なポジショニングは実現できない。本文で紹介している、クラフトボスのマーケティングの各要素の組み合わせをよく理解してほしい。ITワーカーに選好されることを目標に、それぞれが関連して統合的に組み合わされているのである。重要なのは、マーケティングの4P各要素をばらばらに管理するのではなく、1つの目標に向かう方向性のもとに、統合的なマーケティング活動として展開していくという考え方である。こうしたマーケティング・ミックスと呼ばれる考え方も、マーケティングを理解するうえで重要な概念である。

る。しかし同時に、その製品を取り扱ってくれる流通業者にとっても魅力のある、つまりその製品が売れれば儲かると思わせるような価格体系になっているのかどうかという点も、非常に重要なポイントである。

　クラフトボスで最初に発売された「ブラック」は、希望小売価格（税別）として160円が示され、コンビニ店頭での実際の販売価格は税込みで140円程度となることが多かった。これは、500mlペットボトル入りの多くのソフトドリンクより少しだけ高めの価格帯である。ただ、180mlで120円前後の販売価格が一般的な缶コーヒーと比べると、割安感もある。一般的に、ソフトドリンクのように「このサイズなら、この値段が当たり前」と多くの人が感じている場合には、その価格と

あまりに異なる価格設定にすると消費者は抵抗を感じてしまうと考えられている。クラフトという特別感や長い時間おいしいコーヒーを楽しめるといった価値を認めてくれる消費者にとって、この価格は受容できる範囲の妥当な設定と言えるだろう。また、コンビニ側にとっても他のソフトドリンクと比べて客単価（一人の買い物客が支払う金額）が増えるクラフトボスのこの価格は、店で扱いたいという誘因となるものだっただろう。

5 おわりに

　本章で解説したマーケティングの基本概念について、以下のように整理しておこう。

　まず、消費者は一様ではない、ということを理解しよう。自社はどの市場セグメントのどんな消費者をターゲットとするのか、を定めることが重要である。そして、ターゲットとする市場セグメントにおいて、自社製品をどのようにポジショニングするかについての意思決定を行う必要がある。以上のようなSTP（セグメンテーション、ターゲティング、ポジショニング）が、マーケティング活動の第一歩である。

　その目指すポジショニングを実現するために、具体的なマーケティング活動が展開される。基本的な要素である４P（Product：製品政策、Promotion：プロモーション政策、Place：流通政策、Price：価格政策）を、統合的に展開することが重要である。

❓考えてみよう

1．何か１つの製品市場（例：衣料用洗剤、インスタント・ラーメン、デジタルカメラ、etc.）を想定し、そこがどのようなセグメントに分けられるのか、考えてみよう。
2．それらの製品市場における、いくつかの具体的な製品を取り上げて、それぞれで組み合わされている４Pの共通点や相違点について、考えてみよう。
3．それらの製品が、４Pの統合（マーケティング・ミックス）として何を目指していると思われるか、考えてみよう。

参考文献 ●

「味わい、デザイン、プロモーションでコーヒーカテゴリーの常識を超える　サントリー食品インターナショナル／「クラフトボス」『販促会議』2018年3月号、pp. 115-118。

「ものつくるひと『クラフトボス』大塚匠」『週刊ダイヤモンド』2019年1月19日号、pp. 108-109。

「飲料は『モノのデザイン』から『コトのデザイン』へ」『日経デザイン』2019年2月号、pp. 52-53。

「成功の種は"原点"にある　サントリー「クラフトボス」開発を率いた大塚氏の挑戦【前編】」『ITmediaビジネスオンライン』2018年8月20日公開記事。（https://www.itmedia.co.jp/business/articles/1808/20/news002.html）

「働く人の"代弁者"になる　サントリー「クラフトボス」を大ヒットに導いた、意外な発見【後編】」『ITmediaビジネスオンライン』2018年9月3日公開記事。（https://www.itmedia.co.jp/business/articles/1809/03/news001.html）

次に読んで欲しい本 ●

アル・ライズ、ジャック・トラウト、フィリップ・コトラー『ポジショニング戦略』（新版）海と月社、2008年。

石井淳蔵『マーケティングを学ぶ』ちくま新書、2010年。

石井淳蔵・嶋口充輝・栗木契・余田拓郎『ゼミナール マーケティング入門』（第2版）日本経済新聞出版社、2013年。

第3章

II

マーケティングのマネジメント

第**4**章

製品のマネジメント

第1章
第2章
第3章
第4章
第5章
第6章
第7章
第8章
第9章
第10章
第11章
第12章
第13章
第14章
第15章

1 はじめに

　自動車の大量生産が始まったのは1908年。今から110年ほど前のことだ。カラーテレビもパソコンも携帯電話も、カップ麺も缶入り飲料も、あるいはスーパーもコンビニも、わずか数十年の間に生まれ、普及したものである。

　本章は、企業のマーケティング活動のうち、こうした製品やサービスがどのように開発され、生産され、販売され、育成されるのかをテーマとしている。ただし、ここではサービスは除き、製品のマネジメント、とくに一般の消費者が購入する消費財のマネジメントを中心に説明する。企業と企業の間で取引される産業財（生産財や資本財）も本章では扱わない。

　ある製品が開発され、発売されるまで、さらに発売された後も、企業はさまざまなマネジメントを行っている。そのマネジメントのあり方について知るために、まずは2014年に日清食品株式会社（以下、日清食品）が発売した「カレーメシ」のケースを見ていこう。このケースは、同社のブランド・マネジャーに取材した話に基づいている。

2 「カレーメシ」の開発

　日清食品と聞くと「カップヌードル」や「チキンラーメン」をイメージする方が多いのではないだろうか。この即席麺で有名な日清食品がライス（米飯）の領域でも存在感を高めている。それを牽引しているブランドが「カレーメシ」である。

❖ カップライスからカレーメシまで

　日清食品がライスを扱い始めたのは、実は近年のことではない。カップヌードルを発売してから4年後の1975年に「カップライス」という製品を発売している。カップヌードルと同様、お湯をかけて数分でできる製品であった。しかし、このカップライスはカップヌードルよりも値段が高かったこともあり、売上が思うように伸びず、日清食品は撤退することとなる。

　その後、同社は2009年に「GoFan（ゴーハン）」、2010年には「カップヌードルごはん」というライスの製品を発売している。これらはカップライスと異なり、水を入れてレンジで調理するものであった。そして、2013年に「カップカレーライス」が発売された。

　このカップカレーライスが、発売半年後の2014年に再ブランド化を図り発売されたのがカレーメシである。改名の理由は、顧客から「カップカレーライスはカレーライスではない」という多くの声が届いたためであった。

　一般にカレーライスといえば、ルーとライスが分かれているものをイメージするが、カップカレーライスは、カレールーとライスが混ざりあった状態のものだった。そこで、従来のカレーライスとは違うことを明確に伝えるために、カレーメシと改名されたのである。

　カレーメシは、ターゲットを若年層に絞り、コンセプトを「ルーでもないレトルトでもない "第3のカレー"」とした。このコンセプトのもと、プロモーションでは「理解不能な新しさ」を伝えていくことにした。

　価格は、コンビニエンス・ストア（以下、コンビニ）のおにぎり2個程度の価格帯に設定した。おにぎり1個の重量が約110ｇであるのに対し、カレーメシの調理後の重量は約330ｇであり、値ごろ感を打ち出した。

【写真4‐1　リニューアル前のカレーメシ（2014年）】

出所：日清食品株式会社

❖ カレーメシの課題とリニューアル

　発売後のカレーメシの売れ行きは悪くなかった。しかし2年後の2016年、カレーメシは改良され、レンジ調理から湯かけ調理へと調理方法を大きく変更することになる。リニューアルの目的は2つの課題を解決することだった。

　1つ目は、市場規模の拡大という課題である。日清食品は、レンジ調理時代のカレーメシを具付き米飯市場に分類していた。具付き米飯の市場規模は約80億円弱である。一方、カップヌードルに代表されるカップ麺の市場規模は約4,500億円であった。具付き米飯市場というカテゴリーにカレーメシを分類している限り、カップ麺規模の成長は見込めそうになかった。

　しかし、カレーライスがラーメンと並ぶ2大国民食といわれていることを考えると、カレーメシが成長する余地は十分にある。日本人の主食は米と麺ともいえることから、カップの即席ライスには潜在市場の可能性が期待できた。

　そこで日清食品は、具付き米飯に代わる新たな選択肢として「カップメシ」という製品カテゴリーを新たに創出し、そのカップメシを象徴するブランドとして、カレーメシを位置づけたのである。そして、2016年には湯かけというカップ麺と同様の簡便な調理法に変えることにした。

　カレーメシのリニューアルで解決する2つ目の課題は、この調理法であった。当初、カレーメシはレンジ調理で発売された。電子レンジは2人以上世帯で普及率が95％以上に達し、今やどの家庭にも設置されている家電となっている。そこで日清食品は当初、電子レンジで加熱する調理法を提案した。

　ところが、カップに水を注いで、レンジで加熱するという2つの手間を要する調理法は、ただお湯を入れるだけのカップ麺と比べると、1つ余計な手間がかかる。カップ麺の調理に慣れた消費者には、お湯ではなく水をカップに入れることへの心理的抵抗もあった。さらにレンジ調理は、そもそも電子レンジがないところでは調理できない。いつでもどこでもお湯さえあれば食べられる湯かけ調理と比べると、レンジ調理は調理と飲食の場面が限定された。

　とりわけ流通面において、レンジ調理にはコンビニで販売しづらいという難点があった。コンビニで電子レンジがレジ奥に設置されている場合、店員に調理を頼もうとすると、水を入れるなどの手間がかかり、オペレーション効率が悪化する。したがって、店舗にとって、カレーメシは扱いづらい商品だった。

【写真４‐２　リニューアル後のカレーメシ（2016年）】

出所：日清食品株式会社

　こうした２つの課題を解決するために、カレーメシは具付き米飯からカップメシ
へ、レンジ調理から湯かけ調理へとリニューアルされ、調理・飲食の利便性による
販売量の拡大を目指した。

　このリニューアルによって、消費者は電子レンジの制約から解放され、たとえば
山などのアウトドアでもカレーメシを食べることができるようになった。カレーメ
シは発売後の大幅なリニューアルによって、製品と顧客との関係を大きく変えたの
である。

❖ カレーメシの製造工程

　次に、カレーメシの製造工程を見てみよう。カレーメシは当然、麺ではなくライ
スが必要になる。そのライスは、長期保存できるだけでなく、お湯ですぐに戻せる
ものでなければならない。ライスの食感も重要である。米を主食とする日本人は食
感にこだわる。そのため食感は、ふっくらした炊き立ての米に近づけなければなら
ない。

　これらを実現するには高度な加工技術が要求される。その工程は、まず国産の米
をおいしく炊くところから始まる。次に、炊きあがった米を長期保存するために乾

燥させなければならない。その際、炊きあがりのまま乾燥させようとすれば、米が
くっついた状態なのでうまく乾燥することができない。そこで、一粒一粒お米をほ
ぐす工程が必要となる。

　最後に、ほぐした米の一粒一粒に熱風を当てて、中の水分を一気に飛ばす。この
ことで、米の内部に細かい穴（孔）ができる。これは多孔質と呼ばれる。カレーメ
シの調理時には湯をかけ、この多孔質化したところに水分が染み込むことで、米が
やわらかく復元するのである。

　この工程自体は、レンジ調理もリニューアル後の湯かけ調理もほぼ変わらなかっ
た。しかし、リニューアルの際には、湯かけ調理でおいしくするための工夫が必要
であった。なぜなら、電子レンジ調理では100度近い温度で加熱し続けることが
できるのに対し、湯かけ調理の場合は、湯をかけて5分間で米を戻すため、温度が
下がっていくためである。調理の条件としては、レンジ調理より湯かけ調理のほう
が遥かに厳しいものだった。

　そこで、湯かけ5分でおいしい米を復元させるために、製造の各工程が見直され
た。炊いた米の水分値、乾燥時の温度や熱量、さらにはそれらの組み合わせとバラ
ンスなどが検討され、1年間で150パターンもの試作と検証が繰り返されたので
ある。

　米だけでなく、カレールーの改良も行われた。レンジ調理の際は粉末スープを粗
くした造粒スープがルーとして使われていたが、湯かけ調理では大型の固形ルーが
採用された。その理由は、米の湯もどりと関係する。

　造粒スープに湯をかけると、ルーが溶けて米の周りに張り付く。そうなると、油
分によって乾燥した米に水分が入りにくくなり、湯もどりが困難になる。一方、固
形ルーは湯をかけても溶けにくいため、米の湯戻りを妨げない。そして、湯をかけ
て5分後にぐるぐる混ぜてルーを溶かすと、とろみのあるカレーができるのである。

　さらにカレーメシは、ルーにさまざまな種類のスパイスや隠し味を混ぜ込める。
市販の家庭用カレールーは、野菜や肉と一緒に煮込むことで初めて味が完成するた
め、ルー単体では深い味わいにはなりづらい。しかしカレーメシは、固形のルーだ
けで、本格的で多彩な味が表現できるようになった。

❖❖ リニューアルされたカレーメシの発売

　リニューアル後のカレーメシは、生まれ変わったことを伝えるために、かつての

カレーメシの調理器具であった電子レンジを爆破し、湯かけになったことをアピールするテレビCMを流し始めた。市場拡大のために、カップ麺の顧客をカップメシに呼び込むための「メンよりメシ！」キャンペーンも行っている。

　販売チャネルは、おもに全国のコンビニやスーパーである。湯かけ調理になったことで、コンビニで売る場合の問題も解消され、扱いやすくなった。コンビニでは、カップ麺の陳列棚の横にスープの棚があることが多い。スープの棚にカレーメシが置かれることで、カップ麺を代替する選択肢としての印象も持たせられるようになった。

　2016年8月、リニューアルされた湯かけ調理のカレーメシが発売された。販売量はリニューアル前の1年間と比べて約2倍に増加し、その後も、カレーメシのブランドのもと「シーフード」「キーマ」「カップヌードルカレー味」などが発売されている。

　さらに、カレーメシを中心に「ぶっこみ飯」（カップヌードル味、チキンラーメン味）なども発売し、味による製品ラインの拡張も行っている。プロモーションでは、美少女ゲーム「アイドルマスターシンデレラガールズ」とのコラボレーションを行い、ターゲット層との関係の深化も図っている。これらのマーケティング施策により、カレーメシは湯かけリニューアル以降も順調に販売数を増加させている。

　次節では、このカレーメシのケースを振り返りながら、企業が行う製品のマネジメントの内容について、さらに詳しく解説していくことにしよう。

3 製品のマネジメント

　一般に、製品マネジメントのプロセスは、製品戦略の策定、市場機会の分析から始まり、製品アイデアの創出、製品コンセプトの開発、製品設計、生産工程設計、市場導入、そして最後は製品ライフサイクル管理へと進んでいく（**図4-1**）。以下では、それぞれの段階について順を追って説明していくことにする。

❖ 製品戦略

　製品のマネジメントは、製品戦略の策定から始まる。製品戦略は、企業全体の企業戦略や事業戦略のもとで決められる。

55

【図 4 - 1　製品マネジメントのプロセス】

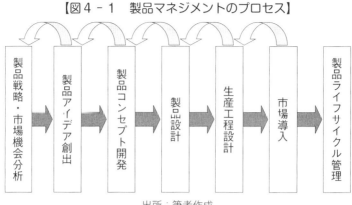

製品戦略・市場機会分析

製品アイデア創出

製品コンセプト開発

製品設計

生産工程設計

市場導入

製品ライフサイクル管理

出所：筆者作成

　製品戦略には、先行戦略と対抗戦略という２つのタイプがある。先行戦略には自社開発する場合と他企業を買収する場合があり、この選択はメイク・オア・バイ（Make or Buy）の意思決定といわれている。

　先行戦略は、企業戦略として成長志向があり新製品開発や新市場参入に積極的である場合、他社に先駆けることで先行者優位が見込まれる場合、新製品開発に十分な資源や能力を持っている場合、強力な販売チャネルを持っている場合などに向いている。

　一方、対抗戦略は、既存製品や既存市場を重視していてみずからは変えたくない場合、製品が真似されやすく先行して開発するメリットが少ない場合、後発でも十分に追随できる資源や能力を持っている場合などに適している。

　本章で取り上げた日清食品のカレーメシは、先行戦略で自社開発をしたケースである。

❖ 市場機会の分析

　市場機会の分析とは、企業にとって成功する見込みが最も高く、自社の資源にも最も適した最良の市場を発見する分析のことである。

　市場機会の分析には、企業の外部に注目したアプローチと企業の内部に注目したアプローチがある。前者は、ポジショニング・アプローチ、後者は資源ベースのアプローチといわれる。市場で成功するためには、まず相手と自分をよく知らなければならない。

　ポジショニング・アプローチは、市場環境の中に自社を的確に位置づけることを重視するアプローチである。カレーメシのケースで、具付き米飯市場から離脱しカップメシという新たなカテゴリーを創出したのは、ポジショニング・アプローチによる分析の結果である。

　一方、資源ベースのアプローチは、自社の強みや弱みを分析し、自社の持つ資源に適した市場を発見するアプローチである。企業の持つマーケティング資源や技術資源と、新製品開発に必要なマーケティングや技術との適合性が高いほど、製品は成功しやすいといわれている。

　カレーメシも、湯かけリニューアル前より培ったブランド力・ネーミングを始めとするマーケティング資源や、創業者が手がけたカップライスから蓄積されてきたライスの技術資源と、カレーメシのリニューアルに必要なマーケティングや技術との適合性が高かったことがさらなる成功の要因の１つといえる。

❖ アイデアの創出とスクリーニング

　市場機会分析によって魅力的な市場機会が発見できれば、次はその市場に投入する新製品のアイデアを考える段階となる。

　新製品のアイデアは、いろいろなところから生まれてくる。カレーメシのケースでは、市場調査で得られたレンジ調理に関する消費者の声などから製品リニューアルのアイデアが生まれた。製品のアイデアは、消費者に限らず、科学者、競合他社、経営陣、従業員、卸売業者や小売業者といったさまざまな情報源からも得られる（Column 4 - 1参照）。

　こうして数多く生み出されたアイデアの中から、有望なアイデアを選び出す作業をアイデア・スクリーニングという。アイデア・スクリーニングは、アイデアを一定のフォーマットや用紙にまとめたものを、その企業が定めた基準に基づいて、決定会議などの場で比較検討する形で行われることが多い。

❖ 製品コンセプト開発

　アイデア・スクリーニングで選ばれた有望な製品アイデアは、次の製品コンセプト開発の段階へと進む。製品コンセプトは、その製品アイデアが消費者に与えるベネフィットを考え、消費者にとって意味のある言葉で表現したものである。

Column 4 - 1

新製品のアイデア創出

コトラーとケラーは、新製品アイデアの発想法として、属性のリストアップや関連付け、前提を覆す前提逆転分析などの方法を提案している。属性のリストアップと関連付けとは、たとえば新しいオフィス用家具を考える場合に、机、本棚、ファイリングといった属性をリストアップし、次に素材を木製からプラスチックに変える、可動式にするといった属性の変更や、机とファイルを組み合わせてファイリング機能つきの机を考えるといった関連付けを行うことである。

前提逆転分析とは、あるものの前提をリストアップし、すべて逆転させる方法である。たとえば、メニューから料理を注文するレストランの前提を覆せば、料理ではなく時間制で課金するレストランや、場所を貸し出して飲食物を顧客が持ち込むレストランなどのアイデアが生まれてくる。

こうした発想法を実施する際には、批判や否定を禁じ、特定のアイデアに固執せず、多くのアイデアを自由に出して記録していくブレーン・ストーミングが有効である。

新製品アイデアを創出するために市場調査を行う場合には、アイデアそのものを直接聞くのではなく、現状の問題点を聞いてヒントを得るという姿勢で調査したほうがよい。消費者自身は現行製品の延長線上で考えるため、画期的な解決策や新製品のアイデアは出にくいからである。

これに対して、フォン・ヒッペルという研究者は、近い将来一般的になるような強いニーズを持つ先進的なリード・ユーザーを調査する方法を提案している。たとえば、プロテイン・シャンプーは、卵を使って髪を洗っていた先進的な消費者の行動を参考に開発されたものである。

あるいは、カリフォルニアにあるIDEO（アイデオ）という会社では、顧客を観察して潜在ニーズを探り出し、新しいアイデアがひらめいたらすぐに試作品（プロトタイプ）を作って視覚化するという独自の方法でユニークな製品を開発している。

1つの製品アイデアからは、ターゲット顧客に応じて、いくつもの製品コンセプトが作り出せる。カレーメシも、若年層がターゲットであるがゆえに、従来のカレーライスとは違うという点がコンセプトで強調された。もし若者層以外がターゲットであったなら、カレーライスとの類似性がコンセプトで表現されていたかも

【表4-1　コンセプト・テストの質問と測定される内容】

コンセプト・テストの質問例	測定される内容
1．この製品はベネフィットが明確で、それを信用できますか。	ベネフィットの伝達可能性と信用性
2．この製品はあなたの問題を解決するか、ニーズを満たしてくれますか。	ニーズ水準
3．ほかの製品は現在このニーズに合い、あなたを満足させていますか。	ギャップ・レベル
4．価格は価値に見合っていますか。	知覚価値
5．あなたはこの製品を（必ず、たぶん）買いますか。あるいは（たぶん、絶対）買いませんか。	購入意図
6．この製品を使うのは誰で、いつ、どのくらいの頻度でしますか。	ユーザー・ターゲット、購入時期、購入頻度

参考：コトラー＆ケラー『マーケティング・マネジメント』（第12版）2008年。

しれない。

　複数の有望な製品コンセプトが開発された場合、どれを選ぶべきかを決めるには、ターゲットとなる消費者に製品コンセプトを見せて反応を得る市場調査（コンセプト・テスト）が行われることが多い。**表4-1**はコンセプト・テストの質問例と測定される内容の例を示したものである。

　コンセプト・テストにおいて、製品コンセプトは、文章やスケッチ、写真やビデオ、プロトタイプ（試作品）などによって消費者に提示される。情報通信技術（ICT）の進展とともに、最近ではコンピュータ上で画像を見せたり、バーチャル・リアリティ（VR）で使用シーンまでも再現するようなコンセプト・テストも行われている。

❖ 製品設計

　製品コンセプトが完成すれば、次は製品設計や生産工程設計の段階へと進む。製品設計とは、製品コンセプトに合致した機能やコストを実現する技術的な方法を考え、製品として生産するための図面や設計データを作成することである。

　１つのアイデアから多くの製品コンセプトが生まれたように、１つの製品コンセプトを実現する技術的な方法も１つではない。設計を担当する技術者は、製品コンセプトで定められた目標と技術的な専門知識を照らし合わせながら、いろいろな実現方法を考え、試作品を作る。

　カレーメシのリニューアルでも、米の風味や食感などの技術的課題を開発担当者が１つひとつ解決し、湯戻しでも炊きたての米のおいしさが楽しめるという製品コンセプトを実現したのである。

❖ 生産工程設計

　製品設計で製品の設計値（仕様）が決まれば、次は大量生産のための生産工程設計が始まる。生産工程設計とは、工場の生産ラインの設計や生産設備の準備、作業者の教育など、大量生産に必要な準備を整えることである。

　たとえば、カレーメシのケースでは、カップ麺と同じ湯かけ調理の製品であることを訴えるために、カップ麺と同様の容器形状に変更した。この際に、生産ラインのカップの投入装置が改造されたという。

　生産工程の設計が終われば、まずパイロット・ランとよばれる生産ラインの試験的な動作確認を行ったうえで、いよいよ生産計画に基づいて部品や資材を調達し、本格的な大量生産がスタートする。

❖ 市場導入

　研究所や工場で技術者たちが製品の完成に力を注いでいる一方で、マーケティング部門の担当者たちも、製品を発売するための準備を進めている。

　市場導入段階では、消費者を対象にしたさまざまなテストが行われ、その結果に基づいて、マーケティング・ミックス（４Ｐ）戦略が評価され、改善される。この段階では、消費者に製品を実際に使ってもらう製品使用テスト、広告に対する反応を見るための広告テスト、特定の地域におけるテスト・マーケット（販売テスト）なども行われる。

Column 4 - 2

製品ライフサイクル管理

　製品ライフサイクルにおける導入期には、製品の認知率向上とトライアル（初期購買）の促進が最大の目標となる。そのため、プロモーションに力を入れ、革新的採用者（イノベーター）とよばれる新しいものに飛びつく消費者を取り込むことが鍵となる。

　導入期の価格設定には、高めに設定して利益を稼ぐ上層吸収戦略（スキミング）か、低く設定して普及をうながす低価格浸透戦略（ペネトレーション）かという選択肢がある。流通についても、限られた販売チャネルだけで売るか（選択型チャネル）、消費者がどこででも買えるように間口を広げるか（開放型チャネル）という選択肢がある。これらの選択に当たっては、マーケティング・ミックス全体を適切に組み合わせ、戦略に一貫性をもたせることが重要である。

　成長期は、市場全体の売上が急速に拡大する時期であり、市場シェア（市場全体の売上に対する自社の売上比率）の獲得が重要となる。参入企業も増えて競争も激しくなるため、製品改良と特徴のある広告やプロモーションによって、市場シェアの拡大に努めなければならない。カレーメシのケースでも、調理方法の変更やプロモーションが盛んに行われていた。

　成熟期になると、新規参入企業も減り市場は安定してくる。ここで重要なのが、市場シェアの維持と最大利益の確保である。より細かいセグメンテーションとターゲティングを行い、製品の差別化を進め、製品ラインを適切にマネジメントすることが必要である。

　最後に衰退期には、市場全体の売上が減少するため、マーケティング費用を削減しながら、売れ行きの悪い製品を撤退させるか否か、という意思決定を行わなければならない。撤退する場合には、最大の収穫を得られるよう、撤退のタイミングが重要となる。

❖ 製品ライフサイクル管理

　こうして製品は完成し、ようやく発売される。しかし、企業の製品マネジメントはそれで終わるわけではない。むしろ、市場導入した後にどのようなマネジメントを行うかによって、製品が市場でどれだけ長く生き延びられるかが決まってくる。

製品が発売されてから最終的に市場から撤退するまでの売上の推移は、生物の寿命になぞらえて、製品ライフサイクルと呼ばれる。製品ライフサイクルは、導入期・成長期・成熟期・衰退期の４つの時期に分けられ、それぞれの時期に応じたマネジメントが行われる（**Column 4 – 2**参照）。

4 おわりに

本章では、カレーメシのケースを例に、マーケティングの４Pの１つである製品のマネジメントについて説明してきた。本章で見てきたように、製品のマネジメントは、製品戦略の策定、市場機会の分析、製品アイデアの創出、製品コンセプトの開発、製品設計、生産工程設計、市場導入、製品ライフサイクル管理といった一連のプロセスを通じて行われている。

それぞれの段階でどのような活動を行う必要があるのかについて、十分に理解しておこう。

？考えてみよう

1．自分の好きな新製品を１つ選び、その製品のコンセプトを考えてみよう。
2．カップメシが今後どのようなライン拡張を行えば、より市場を拡大できるかについて考えてみよう。
3．ヒット商品を１つ選び、その製品がなぜヒットしているのかについて考えてみよう。

参考文献

川上智子『顧客志向の新製品開発：マーケティングと技術のインタフェイス』有斐閣、2005年。

ロバート・クーパー（浪江一公訳）『ステージゲート法：製造業のためのイノベーション・マネジメント』英治出版、2012年。

トム・ケリー、ジョナサン・リットマン（鈴木主税・秀岡尚子訳）『発想する会社！　世界最高のデザイン・ファームIDEOに学ぶイノベーションの技法』早川書房、2002年。

フィリップ・コトラー、ケビン・レーン・ケラー（恩藏直人監修・月谷真紀訳）

『コトラー＆ケラーのマーケティング・マネジメント』（第12版）ピアソン・エデュケーション、2008年。

次に読んで欲しい本

川上智子・岩本明憲・鈴木智子『マーケティング』中央経済社、2019年（近刊予定）。

フィリップ・コトラー、ゲイリー・アームストロング、恩藏直人『コトラー、アームストロング、恩藏のマーケティング原理』丸善出版、2014年。

フィリップ・コトラー、ヘルマワン・カルタジャヤ、イワン・セティアワン（恩藏直人・藤井清美訳）『コトラーのマーケティング 4.0』朝日新聞出版、2017年。

第 5 章

価格のマネジメント

第1章
第2章
第3章
第4章

第5章

第6章
第7章
第8章
第9章
第10章
第11章
第12章
第13章
第14章
第15章

1 はじめに

　価格設定は、マーケティングにおいて重要な意思決定の１つである。とりわけ今日のように、多くの市場が成熟して価格競争に陥っている環境で企業が成長するためには、低価格で販売してシェアを拡大するよりも、高価格でも高品質・高付加価値の製品導入により利益を拡大することが有効な戦略となりうる。しかし、競合ブランドがより低い価格で販売する中で、いかに相対的に高い価格設定で売上を上げることができるのだろうか。

　2016年９月に株式会社明治（以下、明治）が発売した「明治 ザ・チョコレート」は、従来品の２倍以上の高価格にもかかわらず、チョコレート市場でも異例の売上を達成したヒット商品である。本章では、明治 ザ・チョコレートが開発された背景とそのマーケティングを見ていくことで、価格のマネジメントの要点を確認していこう。

2 「明治 ザ・チョコレート」の価格マネジメント

❖ 明治のチョコレート事業とカカオへのこだわり

　「チョコレートは明治♪」というCMの曲でも知られる明治のチョコレート事業は、1926年に板チョコ「ミルクチョコレート」を販売して以来の基幹事業である。今日も市場規模5,370億円（出典：全日本菓子協会）のチョコレート市場で、明治は24.3％のトップシェアを占めている（2018年時点、㈱インテージSRI調べ）。ただし、100円前後で販売される主力の「ミルクチョコレート」は他社ブランドとの価格競争が厳しく、明治では原料のカカオにこだわった高品質チョコレートの市場機会を模索し続けてきた。

　同社がカカオにこだわるのは、チョコレートの味の70％が素材であるカカオの品質で決まる、と言われるためだ。熱帯の生産国で収穫されるカカオがチョコレートになるには、多数の工程を経なければならない。まず、収穫されたカカオ豆は現

地で発酵・乾燥させた後で、日本に輸出される。それを国内で焙煎・磨砕して「カカオマス」という状態にしてから、ココアバター、砂糖、ミルクなどの他の原料と混ぜ合わせてなめらかにして練り固めるのである。

　カカオ本来の味わいは産地によって大きく異なり、まるでレーズンやナッツ、ベリーのような香味を持つものもある。さらにその芳香には発酵の過程が大きく影響するため、同じ農園で収穫されたカカオでも、発酵日数によりチョコレートの味は異なる。しかし、メーカー各社が使用していた原料の約8割はガーナから輸入されたカカオであり、現地で発酵・乾燥されたほぼ同じ素材であった。

　1993年の入社以来、明治のチョコレート開発に関わってきた商品開発研究所カカオ開発研究部の宇都宮洋之氏は、カカオ豆のエキスパートとして、美味しいチョコレート作りには単に原料を輸入するのではなく、現地に行ってカカオの品質をコントロールしなければならない、と考えていた。さらに味の差別化のためには、ガーナ以外のカカオ産地にも目を向ける必要があると考え、2000年から中南米や東南アジアのカカオ産地に足しげく通い始めた。現地の農園を訪ね歩き、試行錯誤の中で独自の発酵方式を生み出して、安定的に原料を供給できるルートを切り拓いた。明治では、カカオ基礎研究グループを立ち上げ、2006年からは原産地の農家が安定してカカオを収穫できるよう支援する「メイジ・カカオ・サポート」プロジェクトを開始した。

❖ 初代「ザ・チョコレート」の発売と伸び悩み

　2010年代になるとカカオの健康効果が改めてメディアで注目を集め、チョコレート市場は順調に伸び続けていた。さらに、当時米国の小規模なチョコレート工房から生まれた、カカオ豆の仕入れから製品化までを同じ作り手が一貫して行う「ビーン・トゥ・バー（Bean to Bar）」という動きが日本にも普及し始め、カカオ豆にこだわった職人的なチョコレート専門店が増えていた。そうした専門店では1,000円を超える価格でこだわりの板チョコレートが売られる一方、スーパーで販売される大手メーカーのチョコレートは100円前後の定番商品が主だった。

　明治ではこの2極化した市場の中間に存在する空白地帯に注目し、大手メーカーとして、ビーン・トゥ・バーの流れに先駆けたチョコレートの開発に着手した。2012年から始まった初代「ザ・チョコレート」の開発は、当時、菓子商品開発部にいた宇都宮氏と山下舞子氏に、菓子マーケティング部（当時）の佐藤政宏氏を加

えた、部門横断的な３人の専従部隊が担った。こうして、提携農園で明治が栽培から発酵状態まで管理したカカオを使用した、初代ザ・チョコレートが2014年９月に発売された。ナッツのような香ばしさを持つベネズエラ産のカカオを中心に使用した「こく苦カカオ」と、独自の酸味を持つブラジルのトメアスー産のカカオを使用して華やかな香りとフルーティーな味わいに仕上げた「香るカカオ」の２種類で、価格は各220円（税別）だった。味には自信があり、大規模なＣＭによって製品をアピールしたが、カカオ産地への取り組みや製法などのこだわりは伝わらず、売上は伸び悩んだ。

　そのため2015年には、開発メンバーを中心に製品リニューアルの検討が始まった。目指したのは、カカオの香味を楽しむ嗜好品としての新しいチョコレート、というコンセプトだった。そして2016年９月に発売された新しい明治 ザ・チョコレートは、先述の通りチョコレート市場で異例の大ヒット商品になったのである。

❖ 新生明治 ザ・チョコレートの価格設定と製品特長

　新しい明治 ザ・チョコレートは、内容量は定番の板チョコと同じ50ｇだが価格は２倍以上の220円〜240円（税抜）に設定された。旧ザ・チョコレートは、カカオの味をストレートに訴えるビター系のみだったが、リニューアル後は市場で６割を占めるミルク系も２品も追加し、産地やカカオの比率が異なる４つの味を同時に展開した（**写真5－1**）。

　１箱には個包装された小さな板チョコが３枚入っている。その形状にもこだわりが尽くされており、長年チョコレートの融け方を研究してきた成果から厚さは６㎜に決定され、板チョコの表面も「小ブロック」「ドーム」「ギザギザ」「スティック」と異なる４つの形状のゾーンに分かれている。これは丸みを帯びているとミルクの風味を濃厚に感じ、ギザギザならカカオの香りを強く感じる、というように、チョコレートは形や大きさで味の感じ方が変わることから、一枚で何通りもの風味を味わうことができるようデザインしたためだ。

　パッケージには、従来の常識だった中身の写真やシズル感を排除し、手作り感を想起させるクラフト紙の紙箱に、鮮やかな色と箔押し加工でデザインしたおしゃれなカカオのモチーフで、それぞれの味や香りの個性を表現している。また、既存の板チョコが横型の中で縦型にすることで、省スペースで目を引くデザインとし、海外進出を意識した。こうした写真映えする凝ったデザインは店頭で異彩を放ち、大

【写真5‐1　リニューアルされた明治 ザ・チョコレート】

出所：株式会社 明治

人向けのチョコのコアターゲットである30〜40代女性はもちろんのこと、20代の若い男女からも支持を集めた。発売後は、おしゃれな外箱をSNSにアップしたり、箱のカカオモチーフを切り取ってキーホルダーやスマホケースにリメイクしたりする人々も続出した。

❖ 明治 ザ・チョコレートのマーケティング

　こうした顧客の反応は、製品と出合った時から、店頭で手に取り、食べて、余韻を楽しむところまで、五感を通した顧客経験のデザインを、開発チームが徹底的に検討してマーケティング・コミュニケーションに落とし込んだ結果といえる。

　実際のプロモーションでは、15秒の時間枠では製品の良さを十分伝えきれないと判断したためテレビCMは減らし、イベントなどを通じて顧客にコト価値を提供し、ブランドへの共感を得ることが重視された。ワークショップ形式で食べ比べをしながら学べる「カカオ会議」を全国で開催し、チョコレートに関心を持つ人々との関係を、明治 ザ・チョコレートを推奨・拡散してくれるアンバサダーへと深化させることを狙った。

　また、売り場での情報発信により製品の魅力を充分に伝えるためにも、流通業者

の協力は不可欠だった。開発を担当した専任チーム３名が全国の営業拠点のほか流通業者との商談にも足を運び、明治が10年にわたって産地のカカオ農家と共に高品質のカカオ豆づくりに取り組んでいることを説明した。その努力が実を結び、発売時には棚争奪戦の激しいコンビニ店頭でも、４アイテムを同時に並べた「面展開」が多くの店舗で採用されることになった。

　また、製品パッケージがシンプルな分、店頭では、価格表示とともに酸味やミルク感などの味わいの特徴を示すレーダーチャートを配したPOPを設置することで、手に取る消費者に味の違いをわかりやすく伝える工夫がなされた。こうしてカカオの種類や加工によって驚くほど味わいが異なる４種類のチョコレートが店頭に並べられた結果、複数を食べ比べてみたいという顧客の気持ちや知識欲を刺激し、ワインやコーヒーのように嗜好品として楽しむ男性の購入者も予想以上に増加することになった。

　こうして明治　ザ・チョコレートは、2016年の発売後約１年で計画比２倍の4,000万枚を出荷する、チョコレート市場の大ヒット商品となった。2017年秋、フランスのパリで開催された世界最大のチョコレートの祭典「サロン・デュ・ショコラ」にも出展し、カカオ豆からチョコを作る過程を見せる実演展示が来場者の関心を集めたほか、大手メーカーとしては異例の、味やデザインを統合的に評価する「デザイン賞」受賞を果たした。こうした高付加価値製品の売上拡大は、高付加価値化が進むチョコレート市場のさらなる活性化を促進しているだけではなく、明治全体の営業利益の向上にも大きく貢献している。

3 価格マネジメントの考え方

❖❖ 価格のマネジメントの重要性

　価格をどのような水準に設定するかは、それを販売する企業の売上に直結する重要な意思決定である。チョコレート市場のように、既存の主力製品が価格競争に巻き込まれている成熟市場にあっても、高付加価値製品の市場機会を見いだすことで、売上を拡大することは可能である。また販売価格から一製品当たりの開発・製造・販売に関わるコスト（原価）を引いたものが企業の利益となるため、価格設定は、

企業が獲得できる利益率にも直接影響する（Column 5 - 1 参照）。

　とはいえ、どのような製品にもつねに高い価格設定が可能となるわけではない。いずれも高価格で発売された明治 ザ・チョコレートの最初の失敗とリニューアル後の成功は、価格のマネジメントの要点を押さえることでより良く理解できるだろう。以下では、買い手の「需要」、「競合製品（代替品）」との関係、マーケティング・ミックスの一貫性という点を中心に、価格マネジメントの基本を確認していきたい。

Column 5 - 1

第5章

コストを考慮した価格設定─損益分岐点分析

　価格設定は、当然ながら、一製品の生産・流通・販売に関わるコストをカバーし、さらに企業に利益をもたらす水準に設定されなければならない。そのため、一製品当たりのコスト（原価）に一定の利益を加えて価格設定を行うことが最もシンプルな方法であり、「コスト・プラス法」と呼ばれている。

　コストは、生産・販売数量によらず一定の「固定費」と、生産・販売数量に応じて変化する「変動費」に分けられる。固定費には、製品の生産量にかかわらず必要な人件費、家賃、減価償却費、光熱費などが含まれる。変動費には、原材料費や販売手数料、消耗品費などが含まれる。たとえば、新製品の発売のために必要な固定費が 5 億円、一製品当たりの変動費が500円とし、100万個の販売見込みがあるとすると、一製品当たりの原価は、以下のようになる。

$$変動費 + \frac{固定費}{販売数量} = 500円 + \frac{5億円}{100万個} = 1,000円$$

　これに20％の利益率を求めるのであれば、コスト・プラス法による価格設定は以下のようになる。

$$一製品当たりの原価 \div（1 - 利益率）= 1,000 \div 0.8 = 1,250円$$

　また、固定費は販売数量にかかわらず負担しなければならないため、販売数量が少ない初期は売上でカバーできず赤字となるが、販売数量が一定水準を超えると黒字に転じる。この転換点のことを「損益分岐点」と呼び、損益分岐点を超えて販売数量が増加するほど、利益の総額は大きくなる（図 5 - 1 参照）。価格を高く設定すれば、少ない販売数量でも黒字に転換できる（損益分岐点は引き下げられる）。

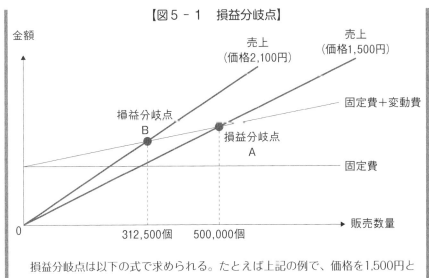

【図5‐1　損益分岐点】

損益分岐点は以下の式で求められる。たとえば上記の例で、価格を1,500円とするならば、損益分岐点となる販売数量は50万個だが（図5‐1のA）、もし価格を2,100円に引き上げるのであれば、31万2,500個販売すれば、黒字に転じる（図5‐1のB）。

固定費÷（価格－変動費）＝5億円÷（2,100円－500円）＝31万2,500個

❖ 需要を考慮した価格設定（需要曲線、需要の価格弾力性）

価格設定においてまず考慮すべきなのは、需要の大きさとの関係性、つまり、ある価格で販売した時にどれくらいの販売量が見込めるか、である。一般に、特定の製品を購入したいと考える買い手は、価格が安いほど増加し、逆に高いほど減少すると考えられる。このように、価格の水準と販売数量との反比例する関係は、縦軸に価格、横軸に需要量をとった「需要曲線」と呼ばれる図で表すことができる（**図5‐2**参照）。

ただし、この需要曲線の形状次第で、一定の水準で価格を上げる（あるいは下げる）ことが、どれほどの需要量の減少（あるいは増加）をもたらすのかは異なる。図5‐2を見てみよう。たとえば(a)のように需要曲線の傾きが大きい場合には、需要曲線の傾きが小さい(b)の場合よりも、製品一単位当たりの価格低下：P1→P2（あるいは価格上昇：P2→P1）によって起きうる需要量の増加：Q1→Q2（ある

72

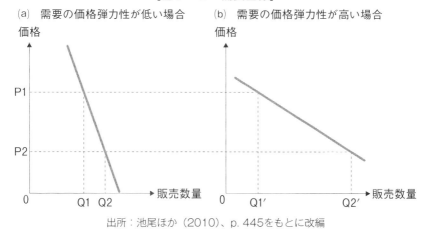

【図5−2　需要曲線】

(a)　需要の価格弾力性が低い場合　　(b)　需要の価格弾力性が高い場合

出所：池尾ほか（2010）、p. 445をもとに改編

いは減少：Q2→Q1）は小さくなることがわかる。

　このように需要曲線の傾きの程度によって表される、価格の変化率に対する需要の変化率の大きさは、「需要の価格弾力性」と呼ばれる。つまり(a)のように、需要曲線の傾きが急であれば、仮に値上げをしても販売量の減少はわずかですむだろうし、逆に、値下げをしても販売量の増加も期待できない。このように、価格の変動に対して需要があまり影響を受けない場合、需要は「非弾力的」である（需要の価格弾力性は低い）、と言える。逆に、需要曲線が(b)のように緩やかな傾きを持つ場合は、少しの価格上昇も大きな販売量の減少をもたらすだろうし、逆にわずかな値引きでも販売量の増加に大きな効果を発揮するだろう。この場合、価格の変動に対して需要は「弾力的」である（需要の価格弾力性は高い）といえる。

　ある製品の価格を高く設定することが有効かどうかは、こうした需要曲線の形状、すなわち需要の価格弾力性を考慮して検討されるべき問題である。一般に需要の価格弾力性は、財の種類によって異なるが、同一製品であっても、対象とする顧客セグメントや購買状況によって、大きく異なる。チョコレート市場では、従来の板チョコレートの定番商品では低価格競争を行っていたが、こだわりの製品を求める一部のセグメントは高品質の製品に高い支払意思（willingness to pay）を持っていた。明治 ザ・チョコレートは、こうしたセグメントを明確なターゲットとすることで、従来品と比べて２倍以上の価格設定でも販売に踏み切ることができたと言える。

❖ 競合製品（代替品）を考慮した価格設定

　価格設定でもう１つの重要な点は、競合製品（代替品）の仙格を考慮することである。ここで競合製品とは、買い手にとって代替的な選択肢として考慮される製品群を指す。自社製品と競合製品が、買い手にとって同様の価値をもつ場合、競合製品に高い価格が設定されていれば、自社製品の価格も上げることができるだろうし、競合製品の価格が低ければ価格を下げざるを得ないだろう。一方、自社製品が競合製品にはない優れた価値（競争優位性）を持つならば、その分だけ価格を高くしても購入してもらえるだろうし、逆に、競合製品のほうが競争優位性を持つ場合には、より価格を下げなければ選んでもらえないだろう。

　「ザ・チョコレート」の場合、競合製品は大きく２つあった。１つは、100円前後で販売されていた定番の板チョコレートであり、それらとは大きく異なる製品価値を実現しているからこそ、より高い価格設定が可能だった。もう１つは、同じくカカオへのこだわりを尽くしたチョコレート専門店の板チョコであり、これらは１枚1,000円以上で販売されていたため、220円〜240円という価格設定は逆に価格優位性を持っていたと言える。

❖ マーケティング・ミックスの一要素としての価格設定

　ただし、いくら高価格を受容してくれるマーケットセグメントが市場に存在し、競合製品に対する明確な優位性があったとしても、それが十分に買い手に伝わらなければ、高い価格で売れるということにはならない。このことは、2014年に発売した最初のザ・チョコレートの伸び悩みを見てもわかるだろう。旧ザ・チョコレートも、原材料のカカオから厳選して加工にもこだわり高い品質を実現した新製品だったが、それを一貫したマーケティングマネジメントによって伝達できなかったために、顧客価値には結びつかなかった。

　それに対して、2016年にリニューアルした製品では、カカオにこだわった味わいが消費者に伝わるようチョコレートの形状やパッケージに至るまで工夫が凝らされただけでなく、プロモーションやチャネルを含むさまざまな顧客接点を通じて、従来の大手メーカーの板チョコレートとは全く異なる価値を持つ製品であることが伝えられた。その結果、高い価格に見合う価値を持つ製品として、大きなヒットに

Column 5 - 2

複数製品を組み合わせた価格設定

　本章では、「ザ・チョコレート」という製品単独での価格設定を取り上げたが、実際には、1つの製品での価格設定以外に、複数の製品の組み合わせを考慮した価格設定が行われることもある。

　たとえば、レストランやファーストフードでのセットメニューや、パソコンにあらかじめ搭載されているソフトウェアなどは、複数の製品を組み合わせたうえでの価格設定が行われている。このような組み合わせがなされるのは、ある製品の価値が補完関係にあるほかの製品やサービスと組み合わせることでより大きくなるためだ。関連する複数の製品やサービスを組み合わせて提供することを、「バンドリング」という。バンドル製品では、一般に、買い手にとっては、個々の製品を単独で購入するよりも安い価格で購入することができるというメリットがある一方で、売り手にとっても、単独の製品に対してのみ需要を持っている買い手に対して、別の製品を組み合わせて販売することができるという利点がある。

　さらに、買い手の継続的な購買行動を想定したうえで、バンドル製品の全体に対する価格設定がなされる場合もある。たとえば、プリンター本体とインクカートリッジ、カミソリと付替え刃といった製品はそれぞれ補完関係にあるが、本体の製品を意図的に安くすることで利用者を拡大し、消耗品であるインクや付替え刃を継続的に販売することで収益を上げる、という価格設定を行っている。時には、本体では十分な収益が確保できなくとも、組み合わせる補完的な製品・サービスの利用によって、収益を回収するような価格設定もありえる。たとえば、日本の携帯電話の普及期には、携帯電話キャリアが、販売奨励金を通じて携帯電話端末機の価格を下げて顧客を拡大し、月額の利用料金によって回収するという販売モデルがとられていた。

第5章

結びついた。

　価格は、製品・チャネル・プロモーションといった他のマーケティング・ミックスと独立に設定されるべきものではなく、むしろそれらと整合性を持つことで、一貫して製品価値を顧客に伝える要素にならなければならない。したがって、もし競合とは異なる高付加価値のポジショニングを訴求したい場合には、手頃な価格ではなく、むしろ高い価格を設定することが顧客に価値を伝える一助になるだろう。なぜならば価格は、「高いということは品質が優れているのだろう」というように、

買い手が製品の品質を推定する手掛かりにもなるからだ。こうした側面は、買い手が十分な知識を持たないなどの理由によって、製品の品質を十分評価できない場合に特に顕著になる。

　需要を考慮した価格設定では、一般に価格を上げることで需要は減少すると仮定したが、このように価格が品質の代理指標であることを考慮すると、高い価格設定が従来品との品質の違いを伝える役割を果たし、買い手の知覚品質と期待を高める場合もありうるだろう。

4 おわりに

　本章では、明治 ザ・チョコレートの事例を通じて、価格設定のマネジメントにおいて、需要とその価格弾力性、代替品（競合製品）との関係性、マーケティング・ミックスとの一貫性を考慮しなければならないことを学んだ。価格設定は、買い手が支払うコストや売り手が得る利益の水準を決めるだけではなく、売り手が製品の価値を統合的に伝えるための、マーケティング・ミックスの一要素を決める意思決定である。だからこそ、価格水準だけではなく、値引きやクーポンの付与、バンドリング（Column 5 - 2参照）といった価格政策も、製品のコンセプトやポジショニングと一貫した形で展開されなければならないし、それを実現するためには、製品、プロモーション活動、チャネルとも連動した取り組みが不可欠となるだろう。

❓考えてみよう

1．チョコレート市場以外でも、競合製品よりも高い価格設定を行った高付加価値のヒット商品の事例を見つけ、どうしてそのような価格設定が妥当であるのかを「需要」と「競合製品」との関係から、考えてみよう。

2．バンドリング製品の具体的な事例を見つけ、どのような価格設定がされているのか、売り手にとってどのような効果があるのか、考えてみよう。

3．極端に高価格あるいは低価格で成功している製品は、価格以外のマーケティング・ミックス（製品・プロモーション・チャネル）の全体をどのようにデザインしているだろうか。マーケティング・ミックスの整合性という視点で、考えてみよう。

参考文献 ─────────────────────────────────●

「ヒットの軌跡 Volume207 失敗からつくり上げた『上質チョコ』の新基準で『お
　やつ』から『大人の嗜好品』への脱皮を果たす」『日経トレンディ』2017年10月、
　pp. 70-73。

「技あり！仕事人　第63回　仕事は自分で創るもの！日本のチョコを世界に広げる」
　『日経トレンディ』2018年2月、pp. 156-157。

池尾恭一、青木幸弘、南　知惠子、井上哲浩『マーケティング』有斐閣、2010年。

次に読んで欲しい本 ─────────────────────────●

石井淳蔵、嶋口充輝、栗木　契、余田拓郎『ゼミナール マーケティング入門』（第
　2版）日本経済新聞出版社、2013年。

上田隆穂・守口　剛『価格・プロモーション戦略―現代のマーケティング戦略〈2〉』
　有斐閣アルマ、2004年。

ヘルマン・サイモン、ロバート・J・ドーラン（吉川尚宏監訳、エコノミクス・コ
　ンサルティング研究会訳）『価格戦略論』ダイヤモンド社、2002年。

第5章

第**6**章

広告のマネジメント

第1章
第2章
第3章
第4章
第5章
第6章
第7章
第8章
第9章
第10章
第11章
第12章
第13章
第14章
第15章

1 はじめに

　われわれ消費者は普段から多くの広告と接している。家でテレビを見ていれば、番組の間にテレビCMを見ることができる。さらには，新聞や雑誌をめくると、記事下もしくは一面に広告が掲載されている。町を歩けば、看板広告に出会うし、電車に乗れば、そこには、中吊り広告が吊るされている。インターネットを始めとする新しいメディアも同様である。携帯電話でテレビCMを見ることもできるし、検索エンジンで検索すると同時に関連する広告も連動して立ち現れる。このようにわれわれは生活の中で多くの広告に接触しているのである。

　当然、膨大な数と多種多様な広告と接触することになると、人間の能力からいって数多くのことを思い起こすことは不可能に近い。たとえヒントを与えられても、思い起こすことは難しいだろう。それでは、ユーモアやインパクトを重視する広告がいいのかといえば、そうではない。というのは、そういうインパクトのある広告は、話題になることはあったとしても製品自体の特徴やその良さが伝わることなく、そのうち忘れ去られてしまうことが多いからだ。人々に製品名だけでなく、その製品の特徴や便益を覚えてもらうには、十分に考えられた戦略が必要になるのである。

　現在、「ファブリーズ」といえば、多くの人々はその効果、たとえば消臭などを思い起こすことができるであろう。しかし、当初、ファブリーズという製品はもちろんのこと、その製品が満たす消費者ニーズそれ自体が曖昧で、消費者自身もそれほど自覚していたとはいえない。しかし、ファブリーズは、製品の機能やその便益だけにとどまらず、それが解決する消費者の問題さえも明確に浸透させることに成功したのである。本章では、ファブリーズの事例を取り上げることで、広告のマネジメントについて考えていくことにする。

2 「ファブリーズ」による消臭市場の創造

　ファブリーズは、プロクター・アンド・ギャンブル・ファー・イースト・インク（現プロクター・アンド・ギャンブル・ジャパン株式会社、以下P&G）から発売された消臭用スプレーである。衣料用消臭スプレーとして発売されて以来、除菌用や

トイレ用消臭、香りも兼ね備えたアロマなどの多様な用途に対応した製品から、男性をターゲットとして特化したファブリーズMEN、スプレーではなく置き型やクリップ型ファブリーズなどさまざまな製品が発売されている。ファブリーズのもたらす機能を簡単にいえば、布製品の消臭を可能にするものである。普段われわれの生活の中にはたくさんの臭いが蔓延している。タバコの煙やペットの臭いなどさまざまな臭いがある。そうした嫌な臭いは布製品に染み付きやすい。ファブリーズは、そうした布に染み付いた嫌な臭いをとることを目的としていた。

❖ 消費者ニーズの明確化

　しかしそもそも布製品の臭いをとるということはファブリーズが始めて可能としたわけではない。ファブリーズが投入される以前から布製品の臭いを取り除く製品は開発されていた。それは、衣料用消臭スプレーとして製品化されていたのである。

　しかし、衣料用消臭スプレーの市場はそれほど大きくなかった。なぜなら、多くの消費者は、衣料用消臭スプレーで消臭できるとは思っていなかったからである。あくまでも臭いとはそれが付着したものを洗濯やクリーニングで落とすものであっ

【写真6‐1　ファブリーズMEN】

写真提供：共同通信社

て、スプレーで吹きかけるだけで臭いがとれるとは想像することさえ難しかった
（『日経流通新聞』、1999年7月13日）。

　人によっては布の臭いをとりたいという漠然とした思いはあったかもしれないが、
洗濯やクリーニングとなれば、当然それは手間がかかるもので、面倒くさく敬遠さ
れがちなものであった。衣料用消臭スプレーの存在それ自体もそれほど浸透しな
かったのは、布の臭いをとるという行為自体が簡単にできることではないという常
識が立ちはだかったからである。

　それゆえ、P&Gは2つの課題を解決する必要があった。布には臭いが付着して
いるということと、かつそれを簡単にとることができるのがファブリーズであると
いうことを、広く行き渡らせることである。通常、その市場の存在やそこに投入さ
れる製品が満たす便益自体、消費者がわかりきっていれば、競争相手に対しての自
社の優位性のみを訴えればいいのだが、ファブリーズの場合は、その双方を取り入
れなければならなかったのである。

　まず、布についた臭いの存在自体を訴えることから始まった。たとえばカーテン
に付着した焼肉の臭い、ペットの臭いなど特徴的な臭いに焦点を当てることで、布
についた臭いの存在を理解させることに成功する。すなわち、消費者が直面してい
るはずの問題それ自体を気づかせたのである。さらに、引き続きファブリーズを布
に吹き付けて消臭する場面を演出することで、そうした消費者の問題をファブリー
ズが解決できるということを示していくことになる。大量にテレビ広告を出稿する
ことでこれらを繰り返し訴えていく。

❖ 隣接市場への参入

　しかし、布の臭いをとるという消費者の問題とその解決を訴えたファブリーズで
はあるが、その市場には限界が存在した。確かに、集中的で明確に示された広告表
現ゆえに、布の臭いをとるという認識は消費者の中で明確になっていた。しかし、
その市場はそれほど大きくなく、成長するようにも思えなかった。具体的に言えば、
衣料用消臭スプレーの市場規模は2～3億円程度のものでしかなかった。

　しかし、隣接する市場には、大規模な市場が存在していた。室内芳香・消臭剤市
場である。トイレや玄関、部屋の一部など、家のどこかに置くことで消臭を可能に
する製品（カテゴリー）である。その市場は、同じ消臭市場ではあったが、100
億円を超える市場規模を有していたのである。それゆえ、そこには多くの企業が参

入していた。

　その市場に参入すべく、ファブリーズは、単に衣料用消臭スプレーとしてだけでなく、部屋の臭いをとる室内芳香・消臭剤の機能を担うものとして位置づけられることになる。衣料用消臭スプレーとしてだけでなく、室内芳香・消臭剤市場の製品として消費者に認識してもらうことを狙ったのである。そのために、製品の便益とは、布の臭いをとると同時に部屋の消臭にも役立つというものになった。

　しかしながら、それには大きな問題が存在していた。なぜなら、布の臭いをとるという衣料用消臭スプレーと部屋の消臭を行う室内芳香・消臭剤としての機能を兼ね備えた場合、広告表現の焦点が曖昧になってしまう可能性が存在するからである。「二兎を追う者は一兎をも得ず」ということわざがあるように、焦点が曖昧になることで双方の便益とも伝わらない可能性が存在する。すなわち、今まで築いてきた布の臭いをとるという便益さえも失いかねない。

　そこで、さらなる広告表現の工夫がなされていく。布の臭いと部屋の消臭を同時に訴求する方法である。すなわち、部屋の臭い＝布の臭い、という等式を訴えることが考えられることになる。具体的に言えば、「部屋の臭いの元は布である」、もしくは、「布の臭いをとれば、部屋の臭いがとれる」というものだ。このことにより、双方の機能を明確な表現で繰り返し示していく（栗木 契「「いい製品」だけでは売れない」、栗木 契、余田拓郎、清水信年編『売れる仕掛けはこうしてつくる』所収、日本経済新聞社、2006年）。

❖ 媒体の組み合わせ

　こうした広告表現の工夫によりファブリーズの便益、「布の臭いをとることができれば、部屋の臭いもとることにもなる」、ということが消費者に伝わった。その結果、ファブリーズは、消臭ブランドとして確立されていくことになる。いわば、消臭の代名詞となったのである。消臭ブランドとしての地位を得れば、同じように消臭効果を繰り返す必要はなく、新たな訴求点を模索しなければならない。その新たな訴求点の１つとして、ファブリーズの特徴である簡便さに焦点が絞られた。簡便さを訴えるためには、新たな使用者として主婦だけでなく子供や父親が想定されることになる。彼らであれば、普段消臭行為とは縁遠いものの、ファブリーズの簡便さによって消臭行為を自ら行うユーザーとなる可能性があるからだ。

　それに合わせて広告表現も変化することになる。たとえばテレビ広告では、父親

が来客に備えて玄関のカーペットに吹き付けるシーンや、子供がグローブの臭いを
とるシーンが登場した。新たな使用者が広告表現の中心となり、このことによって
誰でも簡単に消臭できるということが訴求点となっていた。

　しかしそれほど消臭行為に慣れ親しんでいない新規の使用者には、テレビ広告だ
けでその効果を理解してもらうことは難しい。テレビ広告以外にもその効果を実際
に体験してもらい、商品を理解してもらうほうが有効である。それゆえ、ファブ
リーズを無料配布するサンプリング・キャンペーンが組み込まれた。それが「ホッ
カイドー・キャンペーン」である。北海道において、学校の運動部やスキー場の更
衣室などに無料でファブリーズを配布したり、バレーボールや剣道、そしてオート
バイの大会などで、選手の服、防具、ヘルメットなどに吹きつけてその消臭の効果
を実感してもらった。消臭にそれほど馴染みのない新規の使用者に実際に体験して
もらうことでその便益を理解してもらった結果、家庭での購買を主に担当する主婦
は、それ以外の家族からファブリーズを購買することを強く勧められることになる
（『日経ビジネス』、2000年12月15日）。このようにファブリーズは、適正な広告
表現と媒体の組み合わせによって年間売上が100億円を超えるヒット商品となる
のである。

3　広告マネジメント

　いままで見てきたファブリーズのケースから、広告マネジメントの重要性を確認
することができる。上で触れたように、広告それ自体は、テレビ番組などのコンテ
ンツではないのでそれほど真剣に見てもらうことは難しい。たとえば、テレビCM
であれば通常15秒しかない。その間に多くのことを語ることはできないため、焦
点を絞った広告表現を作成する必要がある。焦点を絞りつつ、製品の有用性やその
効果を語るには、以下の3点を考慮する必要がある。それは、消費者対応、競争者
対応、さらにはブランド対応の3つである。

❖ 消費者対応

　はじめに、ターゲットになる消費者が、その製品の解決する問題を理解している
かどうかを判断する必要がある。特に全くの未知な製品、すなわち、製品の基本的

Column 6 - 1

広告のコミュニケーション効果

　広告の効果を理解することは難しい。それは、さまざまな広告の効果が考えられるからである。それゆえ、さまざまな効果を識別するためにそれに対応した段階を設定することが考えられてきた。その古典的なモデルとしてAIDMAモデルがある。AIDMAとは、広告それぞれの段階を想定し考えられたモデルである。その段階とは、Attention（注意）→Interest（興味）→Desire（欲求）→Memory（記憶）→Action（行動）となり、それぞれの頭文字をとって名づけられたモデルである。

　それをより洗練させたモデルとしてDAGMARモデルがある。DAGMARとは、「Defining Advertising Goal for Measured Advertising Results」の頭文字に由来する。製品それ自体を知らない未知な段階から、製品（ブランド）の認知、理解、確信、行為という段階を想定し、それぞれの段階で目標を設定し数値化することを目的としている。

　しかし、インターネットの登場によって上記以外の段階が登場しつつある。たとえば、電通が発表したAISASモデルは、Attention（注意）→Interest（興味）→Search（探索）→Action（行動）→Share（共有）という段階を仮定し、インターネットによる新たな段階として探索と共有の段階を設定している。興味が沸いた後に、インターネットによって検索を行い、さらには製品の購買後、その感想等を共有するというインターネットの利用態度を具現化している。

　しかしながらこうした一方的な方向を想定しているモデルも、現実的にすべての人がこのような段階を経ることは考えにくく、関与度などを考慮することでさまざまなバリエーションが生まれつつある。その一つとしてFCB広告プランニングモデルやロシター・パーシーグリッド等が存在する。

な属性さえほとんど知られていない製品、いわゆる製品ライフサイクルの導入期に位置づけられる製品がそれに該当する。ファブリーズは全く未知の製品ではないものの、消費者の中で曖昧で明確でなかった布の臭いをとるという消費者の問題認識から訴求することを始めた。全く未知な製品でなくても、理解が不徹底で、その効果に対して疑念がある場合はこうした戦略が有効である。たとえば食器洗い乾燥機で言えば、汚れが落ちない、水を使いすぎるという疑念に対してその誤解を解くようなプロモーションに力点を置き、製品の普及に大きく貢献した。

しかし、問題点もないわけではない。その製品の基本的な有用性を訴えれば、その製品それ自体の理解は深まる。しかし、競争相手が参入している場合、その宣伝に費やされた努力がフリーライド（ただ乗り）されてしまうかもしれない。すなわち、製品の理解が深まったのはいいが、その努力が自社製品ではなく、競合他社製品の購買につながることで効果が半減する場合がある。このような問題点も存在することに留意すべきである。

❖ 競争対応

消費者自身が抱えている問題やそれを解決する製品の便益が、ある程度明らかな場合は、競争相手との関係（ポジショニング）へと訴求点が変化することになる。競争相手との差別化を行わなければならない。競争相手の製品やサービスには存在しない独自の属性や機能を中心に訴求する。もちろん、その差別化とは単に競争相手との違いだけであってはいけない。消費者のニーズに対応した有用性のある差別化でなければならない。

その際に広告表現は、ほかのマーケティング活動より迅速にそれに対応することが可能である。たとえば、競争者に対応しようとして新技術や応用技術を開発するには時間がかかってしまう。しかし、ファブリーズは、室内芳香・室内消臭剤として位置づけられる既存の製品群に対して、誰でもできる簡便さを訴えることで差別化に成功している。このことから、製品の仕様を大きく変えず広告表現を変えることでもポジショニングの変更が可能であることがわかる。その意味でいえば、迅速に対応できるよう、あらかじめ製品から多様な表現の可能性を模索しておくことも重要である。

❖ ブランド対応

ファブリーズは、布の臭いをとるという製品属性から出発し、それと親和性を持つ隣接市場に参入していった。その結果、消臭ブランドとして確固たるイメージを築くことに成功した。この連鎖は重要である。すなわち、新たな広告表現を考える場合、今まで築いてきたものを決して失うことがないようにしなければならない。多くのブランドの盛衰から明らかなように、ブランドを築くのには時間がかかるが、それを失うのは一瞬である。広告表現を考えるときは、今まで何をしてきて、消費

者はどのように自社のブランドを捉えているのかを慎重に考慮しなければならない。

4 プロモーション・ミックスとメディア・ミックス

　広告表現が決まっても、それが明確に消費者に浸透するかどうかはわからない。そのために、消費者に浸透することを目的とする媒体の組み合わせを考えなければならない。たとえば、ファブリーズの場合、布の臭いをとりたいという消費者の問題を訴求するためにテレビ広告を出稿した。これは掃除などの家事に精通している主婦を対象とするために、問題を認識してもらうには、それほど多くの情報量を必要としなかった。しかし、掃除にそれほど精通していない新規使用者である学生などに訴える場合は、逆にテレビ広告ではその情報量が少なく伝わりにくい。それゆえイベントなどを開催することで無料配布を行い、トライアル（製品試行）を誘発することが求められていく。このように広告表現を適切に浸透させるには、さまざまな媒体の適切な使い分けを行わなければならない。

　さまざまな媒体の使い分けを考える際に、２つの次元で考える必要がある。１つはプロモーション・ミックスであり、もう１つはメディア・ミックスである。通常、媒体の組み合わせといった場合、メディア・ミックスを指すことが多い。しかし製品の理解（イメージを含む）をより深く浸透させるには、広告媒体だけでなくそのほかのプロモーション活動との組み合わせが重要になる。

❖ プロモーション・ミックス

　製品の理解やイメージを促進するには、全体のプロモーション活動の中に広告を位置づけることが必要である。それにより広告の目的や役割が明確になり焦点の定まった活動が可能となる。プロモーション活動としては、広告のほかにPR（パブリック・リレーションズ）、セールス・プロモーション、そして人的販売が存在する。それぞれの活動の適切な組み合わせが必要であり、それがプロモーション・ミックスである。

　ファブリーズであれば、広告のみにとらわれず、イベントやそれに伴うセールス・プロモーションなどと連携し組み合わせた。それによって新規の使用者に対して製品理解を促進することに成功した。それ以外にも、製品の理解を促進したい場

【図6‐1　プロモーション・ミックスとメディアミックス】

出所：筆者作成

合は、人的販売と連携することも重要である。テレビ広告では、製品やブランドの認知度には貢献できるが、詳細な情報を伝えることは非常に難しい。その場合、広告媒体のみに頼らず、人的販売と連携するほうが有効である。なぜなら、営業担当者によって製品の詳細な説明をすることでき、新製品に対するさまざまな疑問にも瞬時に回答できるからである。営業は柔軟性に長けているため状況に応じた情報を伝える面で、有効な場合が多い（第9章に関連する）。

　そのほかにも有効なプロモーション・ミックスが存在する。たとえば、上述したように、現代において広告それ自体の有効性が疑問視されている場合は、広告だけにとどまらず、PRとの連携をすることでシナジー効果を期待できる（第13章に関連する）。

　そうしたプロモーション・ミックスの中で広告の目的が決まれば、その目的にしたがって、広告媒体の組み合わせが決まってくることになる。それがメディア・ミックスである。

❖ メディア・ミックス

　広告媒体には、主要なものとして電波媒体としてテレビやラジオ、活字媒体とし

【表6-1　広告媒体の評価基準】

評価基準	テレビ	ラジオ	新聞	雑誌	DM	屋外・交通	インターネット
到達範囲の広さ	○		○				
セグメンテーション効果		○		○	○		○
詳述性			○	○	○		○
反復性						○	
能動性							○

出所：筆者作成

て新聞、雑誌が存在する。さらには、顧客データベースが整備されたことによって適切な配布が可能になったダイレクト・メール（DM）、広告費が近年大幅に上昇しているインターネット広告がある。7つの広告媒体を評価基準で整理すると**表6-1**になる。具体的には、到達範囲の広さ、セグメンテーション効果、詳述性、反復性、能動性が挙げられ、媒体の特性を評価することができる。表を見てわかるように、広告媒体にはさまざまな特性があり、評価基準によっては媒体同士でも重複している場合がある（Column6-2参照）。

第6章

　このことから明らかなように、媒体単体として万能な広告媒体が存在するわけではない。それぞれの媒体を活かしながら組み合わせを考える必要がある。それには2つの側面を考慮する必要がある。

　第1に、広告目的に沿うことである。先に触れたように、広告目的は上位のレベルであるプロモーション・ミックスの中で決まる。そして、そこで決まった目的に従い、媒体の組み合わせを考える必要がある。たとえば、より多くの人々に到達し、かつ理解度を高めたい場合、到達範囲の広い媒体と詳述性のある媒体を選択すべきである。

　また、もうすでに製品の基本的な属性に対する理解は浸透しているために、ブランドに対する愛着や感情的な態度を持ってもらいたいなら、興味がある人に特化できるセグメント効果が高い媒体や、積極的に情報を収集できる能動性が高い媒体を選択する。

　第2に、広告予算という制約条件を考慮する必要がある。広告予算は無限に存在しているわけではない。先に触れたように、広告が効きにくいといわれる現代こそ、効率的に広告媒体を選択しなければならない。その意味でいえば、評価基準が重複

Column 6 - 2

広告媒体の評価基準

　本文中に広告媒体の評価基準として挙げている５つの基準の内容は以下のようになっている。

・到達範囲の広さ

　到達範囲の広さとは、広告を見る人々の範囲の広さを表しているものである。マスメディアの代表とされるテレビ、また、配達制度の確立によって多くの世帯数に送り届けられる新聞も同様に到達範囲が広いということができよう。

・セグメンテーション効果

　セグメンテーション効果とは、到達範囲の広さとは対照的に、想定する消費者層（セグメント）に適切に到達する程度を表している。時間帯で明確に聴取者が異なるラジオ媒体や、ファッションなどの趣味に応じて発刊される雑誌媒体は、多くの人々に到達することはできないが、ある特定のセグメントに到達する可能性が高い。また、消費者のプロフィールや行動履歴を活用するDMやインターネット媒体のリターゲティング広告は、セグメンテーション効果が高い。

・詳述性

　詳述性とは、掲載できる情報量の多さを表している。活字メディアである新聞や雑誌、もしくはDMに関しても数多くの情報を掲載することが可能である。また、デジタル媒体であるインターネットに関しても情報量だけでなく、多種多様な形態の情報を掲載することが可能である。

・能動性

　能動性とは、人々が情報を取得する際の積極的な態度を表している。新聞や雑誌などの活字メディアはそれに集中する程度が高いゆえに能動性が高いといえる。また、顧客リストから関心のある人に絞り込んで送付されるDMや、事前に調べたいことが存在し検索を行うインターネットも能動性が高いといえる。一方で、視聴者が他のことをしながら媒体に接触しているといわれるラジオやテレビは能動性が高いとはいえない。

・反復性

　反復性とは、同じ広告に何度も接触する程度を表している。通勤や通学の経路は、毎回同じ道をたどることが想定されることから、その経路やその途中にある看板や交通広告は、他の媒体に比べれば、同じ広告に接触する程度が高い。

する媒体を回避することで、予算内での適切な広告媒体の組み合わせを行うことができる。さらに、広告目的をより絞り込むことで効果を限定し、評価基準が重複しているある特定の広告媒体のみを選択することも可能である。このように、広告目的と広告予算を勘案し、媒体の組み合わせを設定しなければならない。

5 おわりに

　ファブリーズのケースを通して広告表現における3つの対応（消費者対応、競争対応、ブランド対応）、そして、プロモーション・ミックスの中で広告の役割とその他との連携、さらには、広告媒体それぞれの特性とその組み合わせを見てきた。

　しかし、これだけで広告マネジメントが終わるわけではない。なぜなら、すべてのことは1社のみでできるわけではないからである。とりわけ専門性の高い広告活動の作業は、それを専門とする企業に依頼する場合が多い。それゆえ、さまざまな関係者（広告会社、媒体社、流通業者）が存在し、その調整の難しさがマネジメントをいっそう困難にする。そうした組織関係を踏まえた新たな調整のあり方が必要とされている。

?考えてみよう

1. ファブリーズの広告マネジメントで鍵となる要因を考えてみよう。
2. 現在それほど普及していない製品で、製品の理解度を高めれば普及しそうな製品を考えてみよう。
3. 今現在、携帯電話事業に参入しているすべての企業の主要な製品を挙げ、それらの具体的な広告表現の要素（ヘッドライン、キャッチコピー、タレント）を比較し、それぞれの広告マネジメント（消費者対応、競争対応、ブランド対応）を考えてみよう。

参考文献

亀井昭宏、疋田 聰編『新広告論』日経広告研究所、2005年。
岸 志津江、田中 洋、嶋村和恵編『現代広告論』（第3版）有斐閣アルマ、2017年。
栗木 契、余田拓郎、清水信年編『売れる仕掛けはこうしてつくる』日本経済新聞社、2006年。

次に読んで欲しい本

田中 洋、清水 聰編『消費者・コミュニケーション戦略』有斐閣アルマ、2006年。
岸 志津江、田中 洋、嶋村和恵『現代広告論』（第 3 版）有斐閣アルマ、2017年。
磯部光毅『手書きの戦略論』宣伝会議、2016年。

第 **7** 章

チャネルのマネジメント

第7章

1 はじめに

　「美肌よ、ずっと、輝け」。2018年、日焼け止め専用ブランド「アネッサ」は、この短く力強いキャッチコピーとともに20代女性に絶大な人気を誇るモデル森 星(ひかり)さんを起用した広告を展開し、世間の注目を集めた。アネッサは1992年に資生堂から発売され、他の化粧品メーカーの日焼け止めブランドより高めの価格設定で高級品と位置付けられ、今日に至っている。同業他社が割と低価格の日焼け止め製品を発売しているにもかかわらず、2018年の時点で17年連続トップシェアという巨大ブランドである。

　資生堂に限らず、化粧品メーカーにとってブランド・イメージは命である。そのため各メーカーは、ブランドそのもののイメージを保つべく、それを販売するチャネル、つまり店舗づくりにも注力している。ブランド・イメージの向上と、それに適する店舗づくりのため、日本の有力な化粧品メーカーの多くは長らく「販社制度・チェーンストア制度」と「チャネル別ブランド戦略」という2つの革新的な仕組みの設計に取り組んできた。

【写真7‐1　資生堂「アネッサ」の製品写真】

出所：著者撮影（資生堂許諾）

　以上を踏まえ、本章では、ひとまず、化粧品業界全体の流通経路を概観してから、資生堂が創り上げてきたチャネル別ブランド戦略を取り上げる。それから、一般的なチャネル・マネジメントの話、すなわち、あるメーカーが、自社製品を扱ってくれるチャネルとどのような関係をもつべきかについて、「チャネル選択」と「チャネル管理」という内容を中心に述べる。

2　化粧品業界の流通経路とメーカーの多様なチャネル

❖ チャネルとチャネル・マネジメント

　われわれ消費者が買い物をする場合は、だいたいは身近な小売業者を利用する。たとえば、化粧品セットを買おうとすれば、百貨店、量販店、専門店、ドラッグストア、コンビニエンス・ストア（以下、コンビニと略す）のいずれかの小売業者の店舗に行けばよいだろう。なお、本章では、あえて小売業ではなく小売業者（あるいは卸売業ではなく卸売業者）という用語を使う。本章で学ぶチャネルの話は、（以下で述べるように）多くの小売業者、卸売業者の中から特定の業者をメーカーが選択し、さらに管理する行動を意識しているためである。

　このように多種多様な小売業者が揃えている化粧品は、化粧品メーカーが自前の工場で生産した製品を主に卸売業者を通して届けたものである。化粧品メーカーは、大手小売業者とは直取引する場合もあるが、普通は小売業者との間に卸売業者を入れるからである。

　化粧品以外にもメーカーが生産した商品のほとんどは、消費者に届くまで「メーカー → 卸売業者 → 小売業者」の順路を経て、消費者に届く。この順路を「流通経路」というが、川になぞらえて「川上から川下」への流れと表現される。わかりやすくいえば、川上にはメーカーが、川下には小売業者があり、その間には卸売業者がいる。川上のメーカーは、自ら作った製品を、川の流れに沿ってスムーズに消費者のところにまで届かせるために、川下側の卸売業者と小売業者の協調を得なければならない。そうしないと川の果てで製品の到着を待っている消費者にはなかなか届かなくなる。

　あるメーカーの製品を消費者のほうに向かって運んでくれる卸売業者や小売業者

のことを「マーケティング・チャネル」と呼ぶが、一般には「チャネル」と略される。メーカーが自社製品を扱ってくれるチャネルとどのような関係をもつべきかは、非常に重要な課題である。メーカーは、まず、自社の製品をちゃんと運んでくれる卸売業者と小売業者、すなわち自社のチャネルを選ぶ必要がある。これを「チャネル選択」と呼ぶ。次に、メーカーはチャネル選択の対象になった卸売業者や小売業者が、販売行動に携わる際に、メーカーとの約束事（たとえばメーカーが希望する価格で売ってくれているのか）に従っているのかを、チェックする必要がある。これを「チャネル管理」と呼ぶ。

　メーカーによるチャネル選択とチャネル管理を併せた「チャネル・マネジメント」（あるいは「チャネル政策」）は、ブランド・イメージを重視する化粧品メーカーにとっては、重要な問題である。資生堂は、とりわけこのチャネル・マネジメントに注力してきたメーカーとして有名である。それを確認する事例として「販売会社制度（以下、販社と略す）・チェーンストア制度」と「チャネル別ブランド戦略」を見ていく。

❖ 販社設立とチェーンストア制度

　資生堂は1872年に東京・銀座に日本初の民間洋風調剤薬局として創業し、1897年に化粧品業界へ進出した。当初は高級化粧水「オイデルミン」を開発・発売し、高品質、本物志向のイメージが定着した。資生堂は信頼できる薬局としての地位を確立し、資生堂の製品を扱う卸売業者や小売業者が現れてきた。

　しかし、資生堂の製品に人気が出るにつれ、安売りする卸売業者や小売業者が現れ、資生堂のブランド・イメージを傷つけた。それだけでなく、値引き競争により、卸売業者や小売業者も利益を確保できず疲弊していた。これ受けて資生堂は2つのチャネル・マネジメントを実行した。

　1つ目は、小売業者の管理を目的とした「チェーンストア制度」の導入である。これは、契約した小売業者に定価販売を奨励し、ブランド・イメージを守るための制度である。小売業者からしても、定価販売をすることで利益が確保できるメリットがあった。資生堂は、小売業者が定価販売できるように店舗づくりのサポート（美容部員の派遣、試供品・ポスターの提供など）を行った。結果、こうした取り組みが功を奏し、小売業者の組織化に成功した。

　2つ目は、卸売業者の管理を目的とした「販社制度」の導入である。資生堂が地

方の卸売業者と資本統合、あるいは提携で、資生堂の製品のみを扱う販売会社という特別な卸売業者を設立した。先ほどの値引き競争は、卸売業者の間でも起こったため、卸売業者を管理しようとしたのである。

　資生堂の製品はこの販売会社を仲介し、小売業者に届けられる。よって、資生堂はチャネル全体の管理が可能になり、全国に巨大な販売網を広げていった。この「チェーンストア制度」と「販社制度」は後続の大手メーカー（カネボウやコーセー）なども追随し取り入れてきた。

❖ チャネル別ブランド戦略

　ここでアネッサのブランド戦略について紹介することにしよう。アネッサは2018年に発表された資生堂の新中長期経営計画において、「『メード・イン・ジャパン』の価値を提案するアジア戦略ブランド」と位置付けられている。実際に、このアネッサを求める訪日外国人観光客も多い。たとえば、あるドラッグストアでは、その人気ぶりから1人3つまでと、制限をかけるほどであった。プロテニスプレーヤーの大坂なおみをグローバル・アンバサダーに起用して、よりグローバル、特にアジア圏での存在感を増していこうとしている。2019年現在アネッサは、消費者が店で自由に選んで購入できるセルフ化粧品に分類され、ドラッグストアや量販店を中心に販売されている。

　資生堂にはドラッグストアや量販店以外にも、専門店、百貨店、ネット通販という（小売段階における）チャネルがある。これらのチャネルそれぞれに、別のブランドを意図的に配置しようとしている。なぜなら、チャネルごとに消費者が求めるニーズが異なるためである。また、各チャネルにすべて同じブランドを配置してしまうと、チャネル同士で消費者を奪い合う可能性もある。そのため、チャネルの特性やブランドで棲み分けを図っている。以下では、各チャネルの取り組みについてみていこう。

　まず、専門店についてである。専門店を利用する消費者は「専門家に相談しながら、化粧品を購入したい。」というニーズを持っている。近くに百貨店がない地方での利用も多い。したがって、専門店チャネルではカウンセリング販売を行っており、「エリクシール」、「マキアージュ」といった中高価格帯のブランドを扱っている。資生堂は、専門店の支援策としてポスターやサンプルなどの店頭販促物の提供や、美容部員の派遣などを行っている。

　次に、百貨店についてである。百貨店を利用する消費者は、高い質のカウンセリング、心地よい接客、ブランド・イメージを求めている。したがって、百貨店チャネルでは専門店と同様にカウンセリング販売を行い、「SHISEIDO」や「クレ・ド・ポー　ボーテ」といったごく一部の高価格帯ブランドに絞っている。低中価格帯のブランドを扱ってしまうと、百貨店の利用客が求めるブランド・イメージを損ねてしまうからである。高級なブランド感を訴えるために、店舗づくりや製品の見せ方などに細心の注意を払っている。また、より質の高いカウンセリングを実現するために、接客を行う美容部員の教育や、美容機器の充実も図っている。一貫して、高級なブランド感を提供するための取り組みを行っているのである。

　さらに、ドラッグストア・量販店についてである。これらのチャネルを利用する消費者は、「気軽に、お得に幅広い選択肢の中から選びたい。」というニーズを持っている。したがって、このチャネルではセルフ化粧品を中心にカウンセリングやトイレタリーなど幅広く扱っており、「アネッサ」、「インテグレート」、「アクアレーベル」など低中価格帯のブランドが中心である。ドラッグストア等では、製品の値引きが行われやすい。しかし値引きして販売されてしまうと、そのブランド価値を下げることに繋がりかねない。そこで資生堂は、商品にあえてメーカー希望小売価格を表示しない、ノープリントプライス制を導入している。これにより店舗側は「定価の３割引き」などと宣伝することができず、値引き販売されずに済む。冒頭で紹介したアネッサもそのブランド・イメージを損なわないために、このノープリントプライス制で販売されている。

　最後に、ネット通販についてである。情報技術（IT）の進化、女性の社会進出といった背景から、資生堂は2012年にネット通販サイト「ワタシプラス」を開設した。ワタシプラスでは従来と異なり、低〜高価格帯のほぼすべてのブランドを扱っている。つまり消費者を絞らず、できるだけ多くの消費者に利用してもらおうとする狙いがある。また通販としての機能以外、製品カタログとしての機能はもちろん、「お店ナビ」という実際の店舗の紹介・検索機能など多様なメニューを搭載して消費者のさまざまなニーズに応えるとともに、小売店舗への誘導を狙っている。またワタシプラスで得られた消費者の情報は、小売業者と連携することで店舗での活動に活かされている。サイトを通じて消費者と多様な接点をもつことで、消費者と資生堂や小売業者との関係を深めようとしているのである。こうした、リアル店舗とネットを融合させ、消費者によりよい購買体験の提供を目的とするオムニ・チャネルが近年、注目を集めている（詳細はColumn ７ − １）。

Column 7 - 1

オムニ・チャネル

　コトラーによるとオムニ・チャネルとは「さまざまなチャネルを統合して、シームレスで一貫性のある消費者経験を生み出す手法」である。モバイル機器の普及により消費者行動に変化が起き、それへの対応策として注目されている。購買意思決定の段階は、①探索、②購買、③配達に大きく分けられる。インターネットの普及により、消費者は各段階における複数のチャネルの使い分けが容易になった。

　たとえば、探索段階ではカタログ、メーカーのWEBサイト、SNSなどに接触するであろう。購買段階では品揃え、配達時間、ロットサイズ、市場分散化、アミューズメント、販売者が提供するサービス、決済方法などが問題となる。その後の配達については、店舗ではその場で製品が手渡し、もしくは後日配送されることもある。インターネットで購買した場合、配送が別途行われることになる。消費者は、購買意思決定の各段階でチャネルからサービスを引き出し、最終的に購買するという結論に至る。一方で、企業側からすればさまざまなチャネルを通して消費者の囲い込みが可能となる。

　本文でも触れた通り、資生堂は2012年、通販サイト「ワタシプラス」を開設した。通販サイトと店舗で収集した消費者情報を統合させることで、独自の顧客データベースを作成している。このデータベースを活用し、店舗の販促活動の支援・店頭売上の拡大を図っている。

　たとえば、資生堂はワタシプラス、またはSNSでの情報発信や、化粧品クチコミサイト「@コスメ」との提携により消費者の情報探索を促している。しかし、化粧品の特性上、実際に試してみないと購買には至らない。そこでワタシプラスでは「お店ナビ」という機能を持たせ、店舗への誘導を図っている。店舗でサンプルを受け取り、後日購入したくなった消費者やリピーター向けに、通販サイトではほぼすべてのブランドを取り扱っており、任意の場所に配送できる仕組みになっている。

第7章

❖ 化粧品業界の流通経路

　資生堂が、専門店や百貨店などの伝統的なチャネルを抱えながらも、ネット通販を新たなチャネルとして開拓しようとすることを述べた。このことからもわかるよ

うに、化粧品業界は、各メーカーの商品を扱う非常に多様なチャネルで構成される流通経路をもっている。化粧品メーカーは、その販売の仕組みによって大体３つのカテゴリーに分類される（**図7－1**参照）。

　まず、制度品メーカーとは前述した販売会社という特別な卸売業者に自社の商品を渡すものを指す。制度品メーカーは、川下の小売業者を系列店として受け入れ、主に販売会社を通じて製品を供給してきたために、流通を閉鎖的に行ってきた。資生堂以外にも、カネボウ、コーセーなどが制度品メーカーに分類され、これら制度品メーカーが日本の化粧品業界を牽引してきた。

　次に、一般品メーカーとは、一般的な卸売業者を通じて不特定多数の小売業者に

【図7－1　化粧品メーカーのさまざまの流通経路】

① 制度品メーカー（たとえば、資生堂、カネボウ、コーセー）の場合

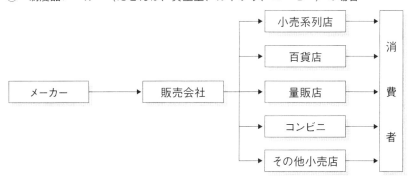

② 一般品メーカー（たとえば、マンダム、桃谷順天館）の場合

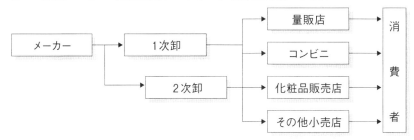

③ 訪問販売・通信販売メーカー（たとえば、ポーラ、DHC）の場合

出所：鈴木安昭他編『マテリアル：流通と商業』（第２版）有斐閣、1997年、p. 9を修正

製品を流通させるものを指す。資生堂などの制度品メーカーとは違って、卸売業者が特定メーカーとの関係にこだわる必要はないため、非常に開放的なチャネルを販路として利用していることになる。クラブコスメチックス、マンダム、柳屋、桃谷順天館がこの部類に属する。なお、卸売業者が直接に小売業者に製品を卸すこともあるが、小売業者が地理的に非常に散らばっている場合には、メーカーからまず製品を受け取った卸売業者が地方の卸売業者に卸すこともある。

　最後に、訪問品メーカーとは、自社の訪問販売員を通して、既定の流通経路を利用せず顧客に直接販売を行うものであり、日本メナード化粧品、ノエビア、ポーラなどが代表的である。通信媒体の発達によって成り立つことになった通信販売メーカーとしては、早くからコンビニにまで進出しているファンケルやDHCが有名である。

　日本の化粧品業界においては、販売会社と小売専門店を自社のチャネルに取り組むことに成功した資生堂の先駆的な取り組みにカネボウ、コーセーなどのメーカーが追随することによって一大勢力圏を形成した、制度品メーカー群が戦後から最近に至るまで主導権を握ってきた。それから訪問・通信販売も経済発展の恩恵を受けながらおおむね成長軌道に乗ってきた。しかし、一般品メーカーは、チャネルを味方につけることができなかったために、高級ブランド・イメージを作ることができなかったばかりか、顧客の安定的な確保ができず、マーケット・シェアを失いつつあることになる。このことから見ても、チャネル政策の重要性がうかがえる。

第7章

3 メーカーによるチャネル選択

　メーカーは自ら生産した製品を、消費者の手元に渡さなければならない。メーカーの製品を消費者のほうまで渡してくれる卸売業者や小売業者のことをチャネルと呼んだ。このチャネルは、①製品を生産するメーカー、②メーカーと小売業者の間に位置する卸売業者、③消費者に販売する小売業者の3者によって構成される。自らのマーケティング戦略に従って、流通業者の中から自社のチャネルになりそうな卸売業者と小売業者を選択しなければならない。

❖ チャネルを長くするのか、短くするのか

　チャネルの選択は、長さと仏さの２つの側面で考えられる。まず、長さは生産された製品が消費者の手元へ渡るまでに介在する流通業者の数によっていくつかの分類が可能になる。

　「０（ゼロ）段階チャネル」は、たとえば資生堂ワタシプラスでもみたように、「メーカー ⇒ 消費者」の簡単な経路で流通業者を介在させない。そして、「１段階チャネル」は、メーカーと小売業者の間に卸売業者を介在させない。すなわち、「メーカー ⇒ 小売業者 ⇒ 消費者」と、チャネルが小売業者だけで成り立つ。全国規模でチェーン展開するドラッグストアなどの大手小売企業の本社の仕入れ部門が、卸売業者を間に入れずメーカーとの交渉を行う場合はこれにあたる。さらに、「２段階チャネル」は、ほとんどの消費財分野でみられるものである。「メーカー ⇒ 卸売業者 ⇒ 小売業者 ⇒ 消費者」と、卸売業者と小売業者という２段階のチャネルをメーカーが利用する。前述の制度品化粧品メーカーなら販売会社を、大手一般品メーカーなら日用雑貨関連の大手卸売業者を、それぞれ卸売段階で介在させる。なお、「３段階チャネル」も少なくない。大手卸売業者が直接に売ってくれない零細規模の小売規模の小売業者が多い日本では、もう１つの卸売業者が介入する場合がよくみられる。「メーカー ⇒ 卸売業者① ⇒ 卸売業者② ⇒ 小売業者 ⇒ 消費者」と、チャネルが長くなる。さほど知名度の高くないメーカーは、２（場合によって２以上の）段階にわたる卸売業者に頼らざるを得ない場合も多い。２段階や３段階チャネルを利用するメーカーは、長いチャネルを選択したといえる。

　以上のようにメーカーは、自社の製品を消費者に届ける場合、まず、自社のチャネルを１段階にするか２段階にするか、あるいは３段階にするかを決めたうえで、最も自社の戦略に適している卸・小売業者を選ばなければならない。これがメーカーによるチャネル選択の第１の課題になる。次は、どれほど多くのチャネルを選択するかが課題である。

❖ チャネルを広くするのか、狭くするのか

　メーカーが、卸・小売段階においてどれほど多くのチャネルを通して自社製品を販売させるかを決めるのも重要な課題である。言い換えれば、チャネルを広くする

Column 7 - 2

製品の類型とチャネル選択

　製品の分類方法はさまざまであるが、ここでは消費者の買い物行動を基準にした最も代表的な分類方法を紹介し、さらに各々の分類にかかわる流通経路、とりわけ小売業者のチャネルについて若干ふれたい。

①　最寄品（convenience goods）：最寄品は気が付いたらすぐ行ける店で習慣的に購入される物である。購買頻度が高く、消費者は過去の買い物経験からかなりこの類の製品に関する情報をもっている。また買い物欲求が生じればすぐにでも欲求充足を求める傾向がある。消費者は普通、最寄品を住まいや職場から近い店、あるいは住まいと職場の往復の途中で簡単に立ち寄れる店で購入する。コンビニが代表的な店である。砂糖や醤油などの加工食品、石鹸や歯磨きなどの日用雑貨、下着や靴下などの衣料が最寄品に当たる。

②　買回品（shopping goods）：買回品は、消費者が購買時に価格、品質、スタイルの比較を希望する物である。消費者が最寄品のように即座に欲求充足を求めず、いくつかの店で比較をしてから購買を決めるために、欲求発生から購買実現までに相当な情報探索時間がかかる。比較的に高価格な製品であり、購買頻度は少ないほうである。女性用アパレル製品、服飾雑貨、家具などが買回品の範疇に入り、百貨店が代表的な店である。

③　専門品（specialty goods）：専門品は消費者に価格以外の特別な魅力を感じさせる物である。販売されているのは限定された店で、かつ訪ねるのに時間と労力がかかるために、買回りせず購入したくなるような製品である。メーカーのブランド力、小売店のストア・ブランド、品質やサービスについての名声などが消費者の購買行動において重要な役割を果たす。有名デザイナー・ブランド品、高級外国車などが専門品の例であり、言葉どおり専門店で購買される場合が多い。

のか、狭くするのかを選択しなければならない。この点については、一般に製品の特性に規定される（Column 7 - 2参照）。メーカーは、製品特性要因によって、以下で示すように3つのチャネルの形態の中でいずれかを選ぶことになる。

①　開放的チャネル：消費者にとって生活必需品の性格が強い最寄品は、できる限り消費者に近いところでかつ数多くの小売店舗で扱う。メーカーは零細小売店、コンビニ、量販店など非常に多様で多数の小売業者に製品を供給するため

に、相当な数の卸売業者を利用することになる。一般に（後述する）メーカーのチャネルへのパワーの度合は弱くなる。

② 選択的チャネル：衣料や家具などの買回品は、最寄品より販売窓口を卸・小売段階ごとにある程度制限することになる。メーカーにとっては、大事なブランド・イメージを守ってもらい、流通情報を伝達してもらい、さらに所定の流通サービスを提供してもらうためにこのチャネルが適している。開放的チャネルよりメーカーのパワーの度合は強くなり、取引数量や忠誠度に応じてさまざまな誘引策が講じられる。

③ 排他的チャネル：専門品の場合、メーカーは意図的に小売店舗の数を極端に制限する。たとえば、自動車ディーラーや有名輸入ブランドの代理店の数は限られている。消費者が購入する製品や小売店舗をあらかじめ選択する場合が多い。選択的チャネルよりさらにブランド・イメージを重んじ、厳しい価格管理を行うために、メーカーのパワーの度合は非常に強い。

4 メーカーによるチャネル管理

❖ メーカーによるチャネル管理とチャネルからの協調

メーカーがチャネル選択を行ったとしても、当のチャネルからメーカーへの協調を確保できなければ意味がない。チャネルからの協調とは、たとえばメーカー希望販売価格の遵守、アフターサービスなどの流通サービスの提供、ブランド・イメージの維持といったことを指す。ひとまずチャネルを選択したメーカーは、次は、意図したとおりの協調を得るために当のチャネルを適切に管理することが求められる。これが、「チャネル管理」である。

チャネル管理のために、メーカーは、チャネルになったそれぞれの流通業者を統制することが求められる。統制のためには、メーカーが流通業者の行動に対して行使できる影響力、すなわちパワーが必要である。ただし、たとえメーカーによるチャネル管理が必要であっても、チャネル管理の目的は、パワーの行使それ自体ではない。幸いに自社のチャネルになってくれても、メーカーのパワー行使に不満（コンフリクト）をもった流通業者は、競合メーカーのチャネルに寝返る恐れもあ

るのである。自社のチャネルに入ったとしても、基本的に独立した組織である流通業者に対しては、大事なパートナーとして注意深く扱わなければならない。

　よく考えれば、メーカーと自社のチャネルは、統合された組織にまでは至らなくても、同一の組織に準じるものとして見なすことができる。経営組織の効率を高めるには、モチベーションと統制という変数が重要とされる。したがってチャネルという準組織においても、チャネル協調を確保するためのアメとしてのモチベーション（たとえばメーカーによるチャネルへの報酬やリベートなどの優遇措置）と、ムチとしての統制（たとえば、メーカーによるチャネルへのインセンティブの削減や製品出荷の停止）を適切に使い分けることが求められる。

❖ チャネルにおけるパワー基盤

　メーカーが自社のチャネルになってくれた流通業者にモチベーションや統制という手段を講じようとする際、メーカーにはそれを可能にする何らかの経営資源が必要になる。それは一般にパワー基盤（power base）とよばれるものである。パワー基盤には以下の5つの種類がある（L. W. スターン他『チャネル管理の基本原理』晃洋書房、光澤滋郎監訳、1995年）。

① 　報酬パワー基盤：流通業者がチャネルとしての目標達成に寄与した際に与えられる経済的代価のことをいう。具体的には流通業者へのリベートの提供、取引のさらなる拡大、特定地域での排他的販売権の付与などがあげられる。

② 　制裁パワー基盤：流通業者がチャネルとしての目標達成に協力しなかった場合にとられる強制的措置のことをいう。メーカーのチャネル政策に非協力的な流通業者への製品出荷の制限あるいは取引の縮小や断絶などが考えられる。

③ 　情報や専門性パワー基盤：メーカーが流通業者より重要な専門知識をもっていたり、優れた情報処理能力をもっていたりすることを指す。最近の情報技術の発展によってその重要性がさらに高まっている。

④ 　一体感パワー基盤：流通業者を惹きつけ、共感あるいは帰属意識を得る能力のことをいう。流通業者に対してメーカーの思想や理念に従わせることを意味する。大手メーカーの系列店になった小売業者は自然にメーカーとの一体感が強くなっていく。

⑤ 　正統性パワー基盤：流通業者に「自らにはメーカーに従う義務がある」と思わせるような影響力のことをいう。流通業者が、カリスマ性のあるメーカーの

創業者によって経営危機を助けてもらったと信じ、他メーカーからの誘惑にも動揺せず当のチャネルに残る、というのがその一例である。

なお、以上の5つのパワー基盤を単独あるいは組み合わせて行使することによって、チャネルに対するパワー関係が成立し、そしてパワーの行使が行われるためにチャネルからの協調が得られる。メーカーは、適切なパワー基盤に基づきチャネルに対しくパワーを行使するが、常にその過程で生じうるコンフリクトを巧みに制御することによって、はじめてチャネル管理は成功を収めることができる（石井淳蔵『流通におけるパワーと対立』千倉書房、1983年）。

5 おわりに

これまで見てきたように、「チャネル選択」と「チャネル管理」で成り立つチャネル・マネジメントは、メーカーが組織外部の流通業者をチャネルとして取り込もうとする点で、相当難しいマーケティング政策である。しかし、製品を消費者に届けるためには、避けて通ることはできない。

ただし、従来のメーカーのチャネル・マネジメントは、メーカーのマーケティング政策を出発点としており、必ずしも消費者の意図を充分に反映したとは言い難い側面がある。

現に、コンビニや専門店、さらにディスカウントストアやインターネット販売が消費者の支持を得ているにもかかわらず、既存の自社チャネルを中心にチャネル・マネジメントを実行し続けようとするメーカーが多い。そのようなメーカーは、消費者から敬遠される恐れがある。その点で、「メーカー起点」のチャネル・マネジメントではなく「消費者起点」のチャネル・マネジメントが今、求められているといえる。

本章で取り上げた資生堂は、チャネル別ブランド戦略のなか、ワタシプラスのようにチャネルを消費者のニーズに合わせて変化させているが、その戦略的シフトの根底にチャネル・マネジメントがあることはいうまでもない。

メーカーが、消費者ニーズの変化を前提に新たにチャネル・マネジメントを考慮しなければならない時代になっている。オムニ・チャネルの時代の到来が叫ばれる今日においてこそ、チャネル・マネジメントの重要性は高まりつつあるといえそうだ。

❓考えてみよう

1．アネッサの主なチャネルとして、ドラッグストアを選択した理由を考えてみよう。

2．化粧品メーカーは、大きく制度品メーカーと一般品メーカーに分けられる。チャネルの違いを中心に両者の違いを考えてみよう。

3．インターネットやスマートフォンなどの活用が当たり前となった現代における、化粧品メーカーのチャネル選択を考えてみよう。

参考文献

石井淳蔵『流通におけるパワーと対立』千倉書房、1983年。

石原武政、池尾恭一、佐藤善信『新版・商業学』有斐閣、2000年。

小原 博『日本マーケティング史：現代流通の史的構図』中央経済社、1994年。

矢作敏行『現代流通：理論とケースを学ぶ』有斐閣、1996年。

第7章

次に読んで欲しい本

高嶋克義『マーケティング・チャネル組織論』千倉書房、1994年。

石原武政、矢作敏行『日本の流通100年』有斐閣、2004年。

崔 相鐵、岸本徹也『1からの流通システム』碩学舎、2018年。

第 **8** 章

サプライチェーンの
マネジメント

1 はじめに

　季節のイベント（たとえばクリスマス）の日の夜、ケーキがたくさん売れ残っている様子を見たことはないだろうか。逆に、ネットで話題のお店でケーキを買おうと思って行ってみると、ケーキは品切れだった。そんな経験をしたことはないだろうか。このように製品が大量に余ったり、足りなかったりする現象は、私たちの暮らしのなかで意外と頻繁に起こっている。

　しかし、企業は好んでこのような現象を発生させているわけではない。企業はマーケティングの実施にあわせて製品を安定供給するべく、サプライチェーン・マネジメント（以下、SCMと記す）に取り組んでいる。それでも、思いもよらない需要の変動が発生すると、急に製品が足りなくなったり、大量に余ったりしてしまうのだ。本章はそうした企業の現実を見るために赤城乳業株式会社（以下、赤城乳業と記す）の事例を取り上げ、マーケティングとSCMの関わりを学ぶ。

2 赤城乳業のマーケティングとサプライチェーン

❖ 赤城乳業の「ガリガリ君」

　赤城乳業は、かき氷を棒（スティック）に刺して、片手で食べられるアイス「ガリガリ君」を製造する企業である。1981年の発売当初は、ターゲットとなる子供が遊びながらでも食べられるアイスとして開発された。製品名は、かき氷を食べる時の「ガリガリ」という音に、親しみやすい「君」という言葉を付けたものだ。発売当時の価格は1本50円（現在は70円）で、ソーダ味、コーラ味、グレープフルーツ味の3種類の味が発売された。

　発売当初、成長途上にあったコンビニエンス・ストアの販路を確保したことで、ガリガリ君の販売数はじわじわと伸びていった。1990年代には、スーパーへの参入にあたってガリガリ君のマルチパック（7本入り）を投入したところ、これがヒット商品となる。2000年には、女性に人気のなかったキャラクターをリニュー

【写真8-1　赤城乳業の「ガリガリ君」】

出所：赤城乳業株式会社

アルし、「ガリガリ君のうた」を作って日本全国でCMを流し始めた。その結果、人気の低かった西日本でもガリガリ君が売れるようになり、年間販売本数が1億本に到達した。

❖ ガリガリ君のマーケティング

　赤城乳業は2006年の「ガリガリ君発売25周年」を迎えるにあたり、大がかりなプロジェクトを立ち上げる。このプロジェクトはガリガリ君の世界観（元気で、楽しくて、くだらない）にもとづいたプロモーションを計画し、面白い仕掛けで話題づくりをすることで、消費者に店頭へ足を運んでもらうことを目的としていた。面白い仕掛けの核となる活動が、新製品の発売、店頭活性化、他社とのコラボレーション（コラボ）であった。

　1つめの新製品の発売をみると、赤城乳業は新製品の発売頻度を高め、4カ月ごとに発売していた新製品を2カ月ごとに発売するようにした。さらには、新しいフレーバーの種類を増やしたほか、冬用商品の「ガリ子ちゃん」や高価格帯の「ガリガリ君リッチ」といった新シリーズも発売した。これらの新製品・シリーズはネットで口コミを誘発し、市場を活性化することに成功した。

　2つめの店頭活性化は、アイス売り場そのものを楽しくするための取り組みである。具体的には、異なるフレーバーのガリガリ君を虹のように並べて販売する「レインボー売り場」を展開し、消費者に「選ぶ楽しみ」を提供した。また、売り場で新たな話題を生み出す工夫も行われた。たとえば、同じフレーバーのガリガリ君に

3つのパッケージデザインを用意したところ、子供たちの間で「袋の絵が違う」と話題になった。さらに、スーパーのアイス売り場にオリジナルのスプーン入れ（当時のガリガリ君を食べるためには不要なもの）を設置したことで、ネット上で話題となった。こうした「ガリガリ君らしい“小ネタ”」が消費者の口コミを増やし、顧客をアイス売り場へ引きつけた。2007年にはこのような取り組みが功を奏し、年間販売本数が2億本を超えた。

3つめのコラボは、ガリガリ君のキャラクターとデザインの管理会社「有限会社ガリガリ君プロダクション」が、他社とのコラボに積極的に取り組んだことである。一例をあげると、2010年に日本サッカー協会とのコラボを進め、サッカーワールドカップの日本代表にちなんで「ガリガリ君ソーダ　SAMURAI BLUE」を期間限定で発売した。この年の日本代表は南アフリカ本大会で決勝トーナメントに進出したため、日本中がおおいに盛り上がった。このコラボをきっかけに、ガリガリ君が国民的アイスキャンディと称されるようになり、年間販売本数が3億本を突破した。

これ以外にもさまざまなコラボが進められた。ゲームソフト（モンスターハンター）や映画（ポケモンやスター・ウォーズ）といった大型コンテンツとのコラボが実現し、ガリガリ君の新製品が話題となった。また、おもちゃや雑貨の分野にまでコラボが広がり、ガリガリ君を差し込んで作る「かき氷器」も発売されて、ヒット商品となった。こうしたコラボは、生活のあらゆるシーンでガリガリ君を想起させ、消費者を店頭へ誘導するきっかけとなった。その結果、2012年には年間販売本数が4億本を突破した。

❖ ガリガリ君のサプライチェーン

赤城乳業が巧みなマーケティングによりガリガリ君の市場を拡大させたことは、理解できただろう。しかし、マーケティング（新製品開発や販売促進策などのプロジェクト）を実行するだけでは、年間4億本も販売することはできない。マーケティング計画の実行にあわせて、オペレーション活動も同時に動かさなくてはならないからだ。そのオペレーション活動が、SCMと営業である。営業は次章で詳しく学ぶため、本章ではSCMを見ていく。

ガリガリ君のサプライチェーンは、どのようなものなのだろうか。最初は、製品の原材料（氷、フレーバー、甘味料）や資材（棒、袋、段ボール）などをサプライヤー（供給業者）から仕入れて、埼玉県本庄市と深谷市にある工場に搬入する。ガ

【図8－1　ガリガリ君のサプライチェーン】

出所：筆者作成

リガリ君は、これらの工場と周辺にある協力工場で生産される。完成した製品（在庫）は冷凍倉庫で保管され、製品を輸送するときも、冷凍輸送のできるトラックで運ばれる。ガリガリ君はこうした冷凍設備をもつ卸売業者や物流業者によって、小売業者へ納品される。（**図8－1**を参照）

　上述したサプライチェーンをマネジメントする組織が、赤城乳業である。赤城乳業では、複数の企業で構成されたサプライチェーンがうまく動くように、さまざまな部門が活動している。具体的には、購買部門がサプライヤーから原材料を仕入れ、製造部門がガリガリ君を生産し、物流システム部門が企業内外の在庫について輸送と保管活動をコントロールする。もちろん、サプライチェーンはマーケティング計画や販売計画にあわせて動かさなくてはならないため、マーケティング部門や営業部門もSCMに関わっている。

　赤城乳業の社内では、さまざまな部門がSCMに関与するため、部門間調整が不可欠となる。部門間調整の要となる組織が、SCM推進室である。SCM推進室は、製品開発の段階から販売終了までの間に各部門と頻繁に連絡を取り合いながら、サプライチェーンを効率的に動かしていく。

❖ ガリガリ君の在庫のマネジメント

　SCMで管理対象となるものは、在庫である。在庫は原材料や包装資材などを含むこともあるが、ここではガリガリ君の完成品在庫に焦点を当てて見ていこう。

　ガリガリ君などのアイスは、需要が高まる夏になる前に、大量に完成品在庫を作り置きしておくことができる。しかし、気温が１度変化するだけで売れ行きに大きな影響を与えるため、すべての製品在庫を持つことは大きなリスクとなる。しかも、大量の在庫を保有してしまうと、冷凍倉庫の保管コストがかさみ、利益を圧迫してしまう。そのため、同社は積極的に在庫削減を進めている。

　なかでも、毎年何種類も発売される新製品は、在庫に関するリスクが大きい。万一、新製品が売れなければ在庫が無駄になり、廃棄コストが大きな負担となる。逆に、新製品が急激に売れ始めれば、在庫が足りなくなってしまう。そこで、赤城乳業は多品種少量生産のできる体制を整え、需要の変化にあわせて必要な数だけ生産するようにしている。そうすれば、在庫の保有量をできる限り少なくしつつ、急な需要の変化にも対応することができるからだ。

　ところが、多品種少量生産の体制ができていても、新製品の場合は、在庫に関する問題が発生することがある。それが、欠品（品切れ）と不良在庫である。

　前者の欠品で注目を集めた製品は、2012年９月に発売した「ガリガリ君リッチ　コーンポタージュ（以下、コンポタと記す）」である。アイスの味としては奇抜なコンポタは発売直後からネット上で大量の口コミやリツイートが発生して、大きな話題となった。そのため、コンポタの売上が急激に増えて欠品しそうになり、発売３日後には販売休止となった。

　後者の不良在庫の事例はどうだろうか。2014年３月発売の「ガリガリ君リッチ　ナポリタン味」は、斬新すぎる味であったことから、ネットを中心に大きな話題を集めた。しかし、その味ゆえに、思ったほどのリピーターがつかなかった。赤城乳業は過大な需要予測をしていたことも災いし、最終的に320万本以上が売れ残り、取り返しのつかないほどの大赤字を出したという。

　在庫が少ない状態を維持し、かつ安定供給を実現することは、難しいことである。ユニークな製品開発と巧みなマーケティングを実施する企業であれば、なおさら需要変動は大きくなり、欠品や不良在庫が発生しやすくなるからだ。そのため、赤城乳業はSCMのさらなる高度化にむけた取り組みを続けている。

3 企業における在庫

　マーケティング論において製品を見るときには、消費者に求められるものという意味で「価値」に注目したり、企業がもつ資産（あるいは負債）としての「ブランド」に着目したりする。しかし、SCMという観点から製品を見ようとするときは、「在庫」という面から捉えなくてはならない。では、在庫とは何だろうか。

❖ 在庫の役割

　在庫は、倉庫や店頭にある製品である。製品が、倉庫や店頭にある場合に「在庫」と呼ばれるのは、それが製品本来の役割（消費者への便益の提供）以外に重要な役割を果たすからである。少しマクロな視点から在庫の役割を考えてみよう。

　製品の生産と販売（消費）は、異なる時点で行われる。生産は計画的に行われる活動であるが、販売は移り気な消費者の購買行動にあわせて行われるので、双方の活動に時間的なズレが生じる。そのなかで在庫は、生産活動と販売（消費）活動をする人の間に存在し、双方の時間的なズレを調整する（時間調整）。これが在庫の第1の役割である。

　生産と販売の段階に在庫があると、それぞれによい影響が現れる。まず販売側（小売業者）をみると、在庫がいつも店舗に置いてあれば、消費者が必要とするときに必要な製品を買ってもらえる。つまり、店舗に在庫があると、消費者の需要を効率よく吸収することができ、小売業者は品切れを発生させずに利益を上げることができる。他方の生産側（メーカー）をみると、消費者の需要量が変化しても在庫によって調整されるので、計画的な生産活動を邪魔されなくなる。すなわち、在庫があることで、メーカーは安定的に低コストで生産することができる。こうしてみると、在庫は、生産と販売（消費）の間にあって消費者の需要を吸収し、需要変動が生産に影響しないようにクッション（緩衝材）の役割を果たしている。これが第2の役割である。

第8章

❖ 在庫保有により発生する問題

　倉庫や店舗でたくさんの在庫を保有しておくことが好ましいように思えるが、企業レベルでみたときには一概にそうだとはいえない。在庫が生産から販売までの時間差を埋めているうちに、製品の価値（鮮度）が低下してしまうからだ。

　製品の価値（鮮度）が低下する理由は2つある。1つめの理由は、製品の物理的な腐敗・劣化である。本章でみたアイスクリームは、保管・輸送中に温度が上がると著しく劣化する。そうなった場合、在庫を廃棄せざるを得ないこともある。

　2つめの理由は、マーケティングや競争の影響である。これは、時間の変化とともに、消費者の知覚する価値が変化することを意味する。たとえば、新製品の投入

Column 8 - 1

在庫はキャッシュ

　この章で取り上げた「在庫」は、もともとキャッシュ（お金）である。こういわれても、あまりピンとこないだろう。そこで図8-2をみながら、この点を理解してもらおう。

【図8-2　在庫とキャッシュの関係】

出所：筆者作成

　企業の手元にはそもそも、キャッシュ（お金）となんらかの資産や特許だけがある。企業が利益をあげるためには、何か製品を作って販売する必要がある。そこで、最初は土地を借りて、生産設備を買い、従業員を雇って、「原材料」を購入することから始めなければならない。ここで気づいて欲しいことは、「原材料」はキャッシュを払って購入したものなので、「原材料＝キャッシュ」という関係が成り立つことだ。

　「原材料」は生産設備で加工されると「製品」になる。「製品」は「原材料」を組み合わせたものなので、「製品」もまた、キャッシュだったものが形を変えたものだということができそうだ。

　完成した「製品」は、買い手が現れるまで倉庫や店頭で待っていなければならない。こうして売れるのを待っている状態にある「製品」は、本文でも説明したとおり「在庫」と呼ばれる。「製品」はキャッシュが形を変えたものなのだから、「製品」の呼び方を変えただけの「在庫」も無論キャッシュだといえるだろう。

　最後に、「在庫」が販売されると再びキャッシュに戻る。再び手に入れたキャッシュは、たいてい最初のキャッシュよりも多くなっている。この増加分のキャッシュが企業の利益となる。

　ところが、消費者のニーズは移ろいやすいものなので、企業の手元にある在庫

が必ず売れるとは限らない。だからこそ、企業はマーケティングを行って需要を創造すると同時に、無駄な在庫をもたないように在庫のマネジメントに取り組むのである。

にあわせて新たなマーケティングを実施すると、旧製品は消費者に見向きもされなくなってしまう。また、競合他社が優れた新製品を発売することによって、自社製品が時代遅れなものに見えてしまうこともある。こうして企業の手元に売れなくなった在庫が滞留すると、在庫は「不良在庫」と呼ばれるようになる。

　企業は、みずから保有するキャッシュ（お金）を使って在庫投資（生産や仕入）を行い、在庫を販売することで、投資した金額以上のキャッシュを回収しようとする。しかし、企業が在庫を持つだけで保管コストが発生し、手持ちのキャッシュが徐々に減ってしまう。さらに、企業が不良在庫（売れない在庫）を保有してしまうと、販売して得られるはずのキャッシュや利益が得られなくなってしまう。在庫を保有しているだけで時間とともに価値（鮮度）が低下するのだとすれば、企業はなおさら在庫投資を避け、在庫量の削減を進めようとする（Column 8 - 1参照）。

❖ 在庫削減の効果

　在庫削減は、企業の在庫投資を減らしてキャッシュフローを改善するだけでなく、マーケティングにおいても次の2つの効果をもたらす。第1に、鮮度の高い製品を販売することができる。たとえば食品であれば、日本の消費者が製品の鮮度（賞味期限）を強く意識するので、食品を扱う流通業者も仕入れる製品の鮮度（製造日から何日経過しているか）を重視する。メーカーが在庫削減を進めると、製品の在庫期間が短くなるので、常に鮮度の高い製品を出荷することができる。そして、自社製品の鮮度が高ければ、その製品は消費者にも流通業者にも買ってもらいやすくなる。

　第2に、製品の切り替え・終売がスムーズに行われるようになる。製品の切り替えが頻繁に起こる菓子業界や、季節ごとに新製品を投入する化粧品業界やファッション業界では、大量の在庫を保有していると、不良在庫を生み出すリスクが高まってしまう。こうした業界で在庫を少なくできれば、頻繁に製品を切り替えたとしても不良在庫を抱えるリスクは小さくなる。そのため、メーカーは積極的に在庫削減を進め、製品の切り替えや終売の時期に在庫を極力残さないようにすることで、

本当は怖い不良在庫

　ビジネスの世界では、在庫を「罪子」と表現したり、在庫に「不良」という言葉をくっつけて「不良在庫」と呼んだりして、在庫を悪者扱いする傾向にある。在庫は人間を傷つけたりするわけでもないのに、ここまで悪者にされるのはなぜなのか。それは、不良在庫が企業の資金繰りを悪化させたり、利益を食い潰したりしてしまうからだ。

　第1に、不良在庫は作った製品が売れない状態を指しているので、キャッシュが企業に戻ってこなくなることを意味している。そのため、企業は何か新しいこと（新製品開発や設備投資など）をしようとしてもお金がなくて、資金のやりくりに苦労することになる。

　第2に、不良在庫を保管しておくための倉庫料がかかってくる。たとえ製品が不良在庫になってしまっても、しっかりと倉庫に納めて管理しておかなければならない。倉庫を借りている企業であれば、倉庫の賃借料がかさんでしまう。また、不良在庫がどんどん増えてくれば、さらに多くの倉庫を借りなければならない。その結果、企業が利益の生まないものに対してコストを払い続けなければならず、利益が少なくなっていく。

　第3に、不良在庫を処分する場合には、高額の処分費用がかかってくる。いくら企業にとって在庫が悪者だからといって、海に捨てたり、山に不法投棄したりしてはならない。必ず産業廃棄物処理業者に依頼して、適切な方法で処理してもらう必要がある。それには、不良在庫を抱える企業がそれ相応の処理費用を負担しなくてはならない。

　新製品を頻繁に発売するメーカーは、多くの不良在庫を抱えてしまいやすい。そういう企業が不良在庫の一斉処分を行うたびに、利益が大きく目減りしている。不良在庫は企業にとって本当に怖いものなのだ。

次の新製品を投入しやすくしている。

❖ 在庫削減により発生する問題

　在庫削減が進むことで、企業にとってよい効果が生まれることは理解してもらえただろう。その反面、在庫が本来もっていた時間調整やクッションとしての役割が

弱まってしまうことに注意しなければならない。在庫が少なければ、欠品（機会損失）の心配も大きくなる。そればかりか、販売（消費）量の急な変動に影響をうけて、メーカーが計画的に製品を作れなくなる。そうなると、結果として生産コストが大幅に上昇してしまう可能性もあるからだ。

　以上のような在庫をとりまく問題を理解すると、企業にとっての在庫の位置づけが理解できる。すなわち、企業は在庫をできる限り少なくしたいが、それでも在庫はなくてはならない存在である。だからこそメーカーは、在庫をできるだけ少なくしても欠品や生産の混乱を発生させないように、サプライチェーン全体で在庫をうまくマネジメントする仕組みを作ろうとする。それが、SCMである。

4　サプライチェーン・マネジメント

　SCMについて考えるときには、2つの視点で見ると理解しやすい。1つは、さまざまな企業間の活動として広く見る視点（企業間調整）であり、もう1つは、企業（メーカー）内活動として狭く見る視点（部門間調整）である。

❖ 企業間調整としてのSCM

　サプライチェーンは、原材料の供給地点から消費者への販売地点までつながる、製品（在庫）の輸送と保管に関わる活動を指す。サプライチェーンのなかには複数の企業が存在しており、各企業の活動は、従来バラバラに行われていた。そんななか、新たな考え方が生まれた。それは、小売店頭で「ある製品が売れた」という実需情報をトリガー（きっかけ）にして、多くの企業の物流活動や、メーカーの生産・調達活動を同期（シンクロ）させて、協力して需要に対応するものである。この考え方がSCMである。

　しかし、すべてのメーカーの生産活動が実需情報と同期しているわけではない。多くのメーカーは実需発生前に生産を済ませ、完成品在庫を持っているからだ。在庫があれば、小売店頭からの注文に迅速に応えられるうえ、メーカーは注文を受けてから急いで生産する必要もない。そのため、メーカーは適正な在庫量を維持するように、在庫のマネジメントを実施している。このように完成品在庫を保有して、製品を安定的に供給することも、SCMの一つの姿である。

　SCMが力を発揮するのは、大きな需要変動が発生した場合である。SCMを実施している企業群であれば、小売店頭で「大量の製品が売れた」という情報を察知するとすぐに、メーカーが生産計画を急いで変更し、原材料のサプライヤーにも緊急連絡し、迅速に追加生産に移ることができる。逆に、小売店頭で「製品が予想よりも売れていない」ことがわかった場合、メーカーは速やかに物流計画や生産計画を変更し、不要な物流活動や在庫投資を控えることができる。このようにSCMは、小売店頭で発生する、予期することの難しい需要変動に、複数の企業と連携して迅速に対応することを可能にする管理活動だといえる。

❖ 部門間調整としてのSCM

　メーカー内でSCMを取り仕切る組織は一般的に、ロジスティクス部門（あるいはサプライチェーン部門）と呼ばれる部署である。ロジスティクス部門は、社内の物流活動や在庫情報をトータルに管理することを主要な業務内容としている。ただし、物流活動や在庫管理は、他部門（生産部門・マーケティング部門・営業部門）の活動から大きな影響を受ける。そのため、ロジスティクス部門は、頻繁に他部門との情報共有を行い、生産・物流活動や在庫量の調整に努めている。

　それに対してマーケティング部門は、新製品の開発から市場導入後の販売までを一貫して管理する組織である。新製品の発売前であれば、マーケティング部門は新製品の市場導入計画の策定にあわせて、製品の生産・在庫数量をロジスティクス部門と相談しておかなくてはならない。市場導入後であっても、販売動向や在庫量を見ながら、追加のプロモーションを実施するかどうか、どのタイミングで在庫を積み増しするかも検討する必要がある。いずれの意思決定をするときにも、SCMを実現するには企業（メーカー）の部門間で調整が不可欠となる。

❖ SCMの効果と課題

　SCMをうまく動かすことができると、以下のような3つの効果が生じる。第1に、SCMは企業に大きなコスト削減効果をもたらす。在庫量をうまく調整できるようになると、メーカーは在庫の保管コストや不良在庫の廃棄コストを削減し、利益を増やすことができる（Column 8 - 2）。

　第2に、SCMはメーカーの需要対応能力を高める効果がある。SCMがうまく機

能している企業であれば、製品の需要が急激に増えたとしても、すぐにその変化を把握し、迅速に製品を供給することができる。そのため、小売業者も消費者も、製品の品切れで残念な思いをしなくて済む。

第3に、SCMはマーケティングの効果を確かなものにする。SCMが実施されていると、適切な量の製品がマーケティング計画にあわせて確実に供給されるようになる。そうすれば、メーカーは顧客ニーズに確実に応えられるようになり、消費者はいつでも欲しいものを買うことができる。

ただし、近年はSCMの維持が難しくなっていることにも注意しなければならない。それは、サプライチェーンが長くて複雑になっているからである。現在、日本で売られている製品の多くは、海外で生産されたものである。海外工場から日本までは船で運ばれることが多く、輸送に時間がかかるため、需要変動への迅速な対応は難しくなっている。しかも、海外の原材料メーカーや部品メーカーが各地に散らばって立地していることから、異常気象・自然災害・政治的リスクなどによってサプライチェーンが寸断されると、立て直しに時間がかかる。

マーケティング担当者は、自らの担当する製品のサプライチェーンの特徴を理解しておく必要があるだろう。そのうえで、マーケティング担当者はサプライチェーン全体の状況を見渡しつつ、ロジスティクス部門と十分な調整を行ったうえで、マーケティング計画を実行に移さなければならない。そのため、SCMに関する知識は現在、マーケティング担当者にとって重要な知識の1つとなっている。

5 おわりに

この章では、赤城乳業の事例を手がかりに、マーケティングとSCMの関わりを学んだ。ここで学んだ内容は、以下の2点にまとめられる。

第1は企業における在庫の理解である。在庫は企業にとって削減すべき対象であるが、なくてはならない存在でもある。そのため、品切れや不良在庫を発生させないように在庫量をうまく調整することが企業に求められる。

第2はSCMの知識である。SCMは品切れや不良在庫の発生を抑えつつ、需要変動にあわせて製品を迅速に届けるための考え方である。SCMを実現するには、企業間で調整しながら同期的な活動を行い、企業内でもマーケティング部門とロジスティクス部門との間でうまく活動を調整することが必要である。

❖ Ⅱ．マーケティングのマネジメント

？考えてみよう

1．インターネットの検索サイトにアクセスし、あなたの知っている企業名と「SCM」というキーワードを入力して、検索してみよう。企業がどのようなSCMを行っているかを調べて、企業の活動内容を考えてみよう。
2．企業が在庫を削減することのメリットとデメリットを整理してみよう。そのうえで、企業がSCMを導入すると、どのような効果がでるのかを考えてみよう。
3．SCMを導入している企業であっても、欠品（品切れ）を起こしたり、製品を販売中止にしたりすることもある。どういう原因でそうなるかを考えてみよう。

参考文献

新井範子『変革のアイスクリーム』ダイヤモンド社、2015年。
石井淳蔵、嶋口充輝『現代マーケティング』（新版）有斐閣、1995年。
遠藤 功『言える化：「ガリガリ君」の赤城乳業が躍進する秘密』潮出版社、2013年。
鈴木政次『スーさんの「ガリガリ君」ヒット術』ワニブックス、2016年。

次に読んで欲しい本

藤野直明『サプライチェーン経営入門』日本経済新聞社、1999年。
中野幹久『サプライチェーン・マネジメント論』中央経済社、2016年。

第**9**章

営業のマネジメント

第1章
第2章
第3章
第4章
第5章
第6章
第7章
第8章
第9章
第10章
第11章
第12章
第13章
第14章
第15章

1 はじめに

　ヒット商品に関するニュースを目にしたときに、「ああ、あの商品はいい商品だね」なとと、われわれはつい商品の良し悪しばかりに目が行きがちである。しかし、商品の売れ行きというのは、モノがよければ売れるというほど、単純なものではない。逆に「あの商品はとてもよい商品なのに、なぜ売れないのだろう」などと思ったことはないだろうか。現実のビジネスの現場では、よい商品なのになぜか売れないということが頻繁に起こる。

　よい商品なのに売れないのは、商品のよさを消費者に十分認知させられなかったのかもしれない。あるいは消費者には十分認知させられたが、販路の確保が不十分で、消費者が買いたくても小売店の店頭に商品が並んでいないということがあったのかもしれない。認知も販路の確保も十分でも、価格が高かったり、納品まで時間がかかったりして、取引条件が消費者の希望と合わなかったのかもしれない。

　こうしたさまざまな問題を解決して、売れる仕組みを作っていくのが、営業部門である。たとえば納期が間に合うように生産部門や物流部門と調整したり、商品の認知度を上げるように広告部門とCM出稿量を調整したりする。また商談がまとまらなくても、まとまらない理由を開発部門にフィードバックし、次回の製品開発に生かしていくなどというのも営業部門の重要な仕事なのだ。

　つまりどんな人気商品でも、その人気を水面下で支える営業部門の努力がある。本章では、サントリー（2009年4月にカンパニー制から純粋持株会社体制に移行に伴い、現在は、サントリー酒類株式会社）のウイスキー事業の事例から、営業部門がどのようにして人気商品を支えているのかを見てみよう。

2 サントリーのウイスキー事業と営業活動

❖ ウイスキー文化の啓蒙活動による市場再活性化

　サントリーの「オールド」と言えば、知っている人も多いだろう。日本を代表す

るウイスキーの１つだ。しかし、この「オールド」も、実はピーク時と比べると、売上が激減している。オールドの発売は1950年。以来右肩上がりに成長を続け、1980年には年間1,240万ケース（１ケースは12本）という大変な売上を記録した。これはウイスキーとしては世界一の売上だった。ところがその翌年から、オールドの売上は減り始める。1985年には523万ケース、1990年には380万ケースと10年間で７割の減少。2005年には51万ケースと、ピーク時の25分の１にまで落ち込んだ。

不振の原因はいくつか考えられる。1981年と1984年の酒税増税で、小売価格が2,500円から2,770円、3,170円と上昇したことで、値ごろ感がなくなったこと。1984年以来の焼酎ブームなどもある。

しかし、最大の原因は、若者のウイスキー離れだった。そもそもアルコール度が40度を超えるウイスキーは、バーなどで少人数で語り合いながら飲まれるものだった。こうした光景は影をひそめ、チューハイやカクテルなどといった飲みやすいアルコール飲料を大勢でワイワイ飲む光景が増えていた。居酒屋チェーンのパイオニア的存在である「つぼ八」が全国展開に乗り出したのが1978年。こうしたチェーンの発展と、ウイスキーの衰退とが時期的に重なっているのは興味深い。しかし、サントリーとしては、社会現象だなどとのんきなことをいっていられる場合ではない。大事な看板商品の衰退に手をこまねいているわけにはいかなかった。

こうした事態に直接の責任を負っているのは、営業部門である。皆さんがサントリーの営業担当者なら、この事態にどう対応するだろうか。取引先の酒販店やスーパーに、もっとたくさん売ってくれるように、頭を下げて頼みこむ。値引きをするなど、有利な取引条件で、酒販店に納入する。あるいは、酒販店に販売の手伝いに行って、みずから消費者にオールドを薦めるだろうか。もちろん、こうした営業のやり方も、多少の効果はあるかもしれない。しかし、15年間で25分の１まで売上が落ちるという事態は、雪崩のようなもの。こんな小手先の努力で雪崩を止めようと思っても、あまり効果はないであろう。

サントリーの営業部門が実際に行ったのは、「市場の再活性化につながる地道な啓蒙活動」であった。つまりウイスキー文化を復活させることだ。ウイスキーのよさや、ウイスキーの持つ文化といったものを、消費者に理解してもらい、ウイスキーを愛する文化をもう一度復活させようというわけだ。それは巧みなセールス・トークや小手先の交渉術で「オールドを売る」のではなく、「ウイスキーを愛する文化を創造する」という壮大な活動だ。

　この啓蒙活動の内容は、具体的には、酒販店を巻き込んだ「買い場づくり」と、飲食店を巻き込んだ「飲み場づくり」が中心だった。まず消費者との接点である酒販店をウイスキーを買う場所としてふさわしい場に変えていかなければならない。とはいえ、酒販店にウイスキーの買い場としてふさわしい店に変わってほしいなどと頼んでみたところで、サントリーの意図通り行動するとは限らない。そこで酒販店の店主や幹部を、サントリーの山崎蒸溜所に招き、ウイスキー開発に関わるブレンダーにセミナーに参加してもらうなどして、ウイスキーのよさを伝えて、納得してもらわなければならない。こうした働きかけで納得してくれた店主の中から、ウイスキーの売り場を拡充したり、ウイスキーの魅力を語ったりできる店主が出てきている。

　同様の働きかけは、飲食店に対しても行われた。大手居酒屋チェーン「ワタミ」の渡邉美樹社長（当時）を山崎蒸溜所に招き、新メニューを協議。「WATAMIシングルモルトウイスキー　山崎蒸溜所12年」をメニューに加えた。居酒屋チェーンは多くの若者がアルコールに触れる場所。その居酒屋チェーンで、チューハイなどのソフトなアルコール飲料を、大勢でワイワイ飲むスタイルが定着したことが、ウイスキー離れの遠因になっていた。そこで居酒屋でもウイスキーが飲まれる機会を増やそうというわけである。

　また、こうした活動には、サントリーの営業部門だけでなく、ブレンダーなど開発担当者との連携も図った。山崎蒸溜所で取引先にウイスキーの説明をするのはもちろんのこと、小売店の店頭に立ち、みずから消費者にウイスキーのよさを説明することもあった。またこうした経験が消費者の視点に立って製品開発にもつながっている。サントリーでは、消費者がウイスキーを飲むシーンを考え、飲む瞬間にベストな品質になるように考えて、つまり「飲用時品質」を考えて製品開発をしている。

　このように、酒販店、飲食店などの取引先や、ブレンダーなど社内の営業以外の部門も巻き込みながら、ウイスキー文化そのものを復活させていこうというのが、サントリーの営業戦略であった。戦略全体をリードしていくのは営業部門だが、取引先や営業以外の部門をも巻き込んで、大きなうねりを作っていくことが重要だ。営業活動の醍醐味はむしろその大きなうねりを作り出すところにある。大きなうねりを作り出し、ウイスキー文化そのものを市場に浸透させていく。その結果、2005（平成17）年に51万ケースまで落ち込んだオールドの売上は、2006（平成18）年には54万ケースと微増に転じ、長期低落傾向に何とか歯止めをかけるこ

とができた。

❖ 二本箸作戦によるウイスキー文化の創造

　オールドの売上挽回のために、ウイスキー文化そのものの浸透を図るのがサント
リーの営業戦略だが、サントリーがこうした営業戦略をとるのは、これが初めてで
はなかった。日本で初めてウイスキーを製造したのはサントリーだ。ウイスキーと
いう商品がまったく知られていないという白紙の状態から、ウイスキー市場を作り
上げてきたのもまた、サントリーだった。出来上がった市場に後から参入する後発
メーカーとは違った、パイオニアとしての苦労があった。

　サントリーがウイスキー醸造を始めるのは1924年のことだが、ウイスキーの本
格的な普及は、戦後をまたなければならない。1955年ころから、ウイスキーの普
及に一役買ったのが、サントリーのトリスバーである。ウイスキーはサントリーが
提供した「ウイスキーを飲む場」とともに普及していった。ボトルキープ（当時は
まだ「キーボックス」と呼んでいた）も、このころ始まった。

　サントリーは、1965年ころになると、ウイスキーをバーだけでなく、寿司屋や
割烹など、和風のお店にも普及させようという営業戦略を始める。この営業戦略は、
後に「二本箸作戦」と命名される。当時サントリーの東京支店のあった日本橋と和
食に欠かせない二本の箸をかけた絶妙なネーミングだ。二本の箸を持つような和食
の店にも、ウイスキーを普及させようというわけである。

　二本箸作戦は、ある営業担当者の発案で始まった。営業担当者が、ウイスキー好
きの年配の客がこっそりウイスキーを注文しているのを見たことから、和食の店に
もウイスキーを置けないかと考えるようになった。

　しかし、和食店にウイスキーを置いてもらうといっても、一筋縄ではいかなかっ
た。ウイスキーは香りが強く、アルコール度も高いので和食に合わないというイ
メージがあった。そこで水割りという飲み方を提案する。日本酒に近いアルコール
度で、料理の味を殺すこともなく、和食にもよく合うと提案した。ところがそれで
も、和食店はなかなかウイスキーを置いてくれない。

　そこでサントリーがとった作戦は、ウイスキーの瓶を小さくすることだった。寿
司屋では、板前が水割りを作ると魚にウイスキーの香りが移るという声があり、ウ
イスキー導入の妨げになっていた。そこで客が自分で簡単に水割りを作れるミニ
チュアボトル（水割り約2杯分）を置いてもらう作戦をとった。割烹などでは、ボ

トルキープのスペースがないとの声があり、一回で飲みきりのベビーボトル（1合サイズ）を置いてもらった。とはいえ、和食店が必ずしも喜んでこうした小瓶を置いてくれたわけではない。むしろウイスキーを置きたくないという抵抗と、サントリーの営業担当者の売り込みとの1つの妥協点として、小瓶なら置いてやろうということになったのである。

　ところがこの小瓶が大きな威力を発揮した。たとえ小瓶でも、客が和食店でウイスキーを飲むようになると、「ウイスキーは洋食」という固定概念が崩れ、「ウイスキーは和食にもよく合う」と和食店の客に認識されるようになっていった。

【写真9‐1　和風店向けの水割りセット（当時）】

写真提供：サントリー株式会社

　そうなれば、最初はウイスキーを置くことを渋っていた和食店も、ウイスキーを置かないわけにはいかない。和食店にもボトルキープがどんどん広がっていった。そこでサントリーの営業部隊は「おかもちセット」と名付けた和風店向けの水割りセットや、ボトルキープ用の白木の棚を作って和食店に納めた。もはや小瓶ではなく普通サイズのボトルキープが飛躍的に増えていった。

　こうした流れを決定的にしたのは、1970年に、寿司屋の主人が夜更けにロックグラスをかたむける広告であった。寿司屋の主人が、店を閉めた後にオールドを飲みながら一息つくというシーンである。和食のシンボル的存在である寿司屋の板前までもがウイスキーを飲むようになったのかと、話題になった。

　ウイスキーを飲む文化は、このようにして作られていった。オールドは、このウイスキー文化をまさに作り上げたシンボル的なブランドなのである。ウイスキー文

【写真9‐2　オールド寿司屋編の雑誌広告（1970年）】

写真提供：サントリー株式会社

第9章

化が浸透してしまえば、あとはこれまでの苦労がうそのようにオールドが売れてい
く。1970年の時点でオールドの売上は100万ケース。1980年の1,240万ケース
に向けて、急成長を遂げていくことになる。

3　営業活動

❖ 商品を支える水面下の努力

　サントリーの事例から、第一にわれわれが学ぶべきことは、商品がよければ売れ
るというわけではないということである。オールドのように年間1,240万ケースも
の売上を達成した商品でさえ、最初は売れなかったのである。それが二本箸作戦と
いう営業担当者の知恵と努力の結果として、売れるようになっていったのだ。

　また、そのオールドが50万ケースまで売上を落としたとき、再生の原動力になったのもまた営業だった。もちろん、時代に合わせて商品のリニューアルも行ったが、リニューアルだけでは売上が伸びず、営業部門を中心に、ウイスキー文化を浸透させる啓蒙作戦によって、じわじわと売上が戻ってきたのである。

　もちろん、商品が悪くては売れないだろうが、商品がいいからといって、それだけで売れるというわけではないのである。売れる商品は、営業部門の水面下の努力によって、支えられているのである。

❖ 営業と販売

　それでは、営業とは商品を売ることだ、つまり販売だと言っていいだろうか。売上を支えているのは営業担当者の努力なのだから、営業とは商品を売ることだと言ってもよさそうである。実際、多くの営業担当者は、売上目標（いわゆるノルマ）を課せられ、それを達成する責任を負っている。

　しかし、営業を、商品を売ることだと考えていては、営業の本質的な部分を見落としてしまう。確かに、商品を売ることは営業の大切な一部だが、商品を売るとはいっても、取引先に頭を下げたり、商談現場での巧みなセールス・トークで取引先を買う気にさせたり、といった小手先のことで商品が売れるわけではない。上に見たサントリーの事例では、そんな話はまったく出てこなかったはずだ。

　そんなことよりも、サントリーの営業活動で重視されていたのは、ウイスキー文化の浸透という啓蒙活動であった。そのためにサントリーは、取引先の酒販店や飲食店を巻き込んで消費者にウイスキーを買ってもらえる状況をつくっていく。また広告部門や製造部門といった営業以外の部門も巻き込んで、ウイスキーが確実に売れる条件を整えていく。つまり営業というのは、営業部門が窓口になって、社内のさまざまな経営資源と取引先とを結び付けていく活動だ。営業担当者は、こうした役割を果たすことから「境界連結者（boundary spanner）」と呼ばれる。

❖ 取引先との連携

　ウイスキーを最終的に買うのは消費者だが、サントリーが直接消費者にウイスキーを販売しているわけではない。オールドの事例からわかるように、消費者との接点である取引先を巻き込んでいくことが重要である。

Column 9 - 1

境界連結者としての営業

　本文で述べたように、営業の仕事は、取引先を巻き込んだり、社内の営業以外の部門を巻き込んだりと、さまざまな組織の壁（境界）を乗り越えて、異なった組織の中に属する経営資源を結びつける仕事である。このことから営業担当者は、境界連結者と呼ばれることがある。

　この境界連結というのは、別の言葉でいえば、ネットワークだ。しかしネットワークとは難しいもので、とにかく誰かとつながればいいというわけではない。つながる相手が大切だし、つながり方も大切だ。

　つながる相手が大切だというのは、ネットワークが資源動員の役割を果たすからである。ネットワークの素晴らしさは、自分にはないものをネットワークでつながった相手から引き出せることである。それならできるだけ有用な経営資源を多く持った相手とつながるほうが良い。これを資源動員の問題という。

　つながり方が大切だというのは、同じ相手とつながるにしても、つながり方によって、ネットワークはチャンスにも制約にもなるからである。ネットワーク上で重要なポジションを占めることができれば、ネットワークは自分一人では到達できない新しい世界への架け橋として新しいチャンスをもたらしてくれる（構造的空隙）。その反面、ネットワーク上のポジションがまずいと、既存のネットワークが足を引っ張り、新しい世界への飛躍のチャンスを台無しにする制約要因にもなりうる（構造的拘束）。こうした問題はネットワーク構造の問題という。

　ただ、ネットワークは、単につながっているだけでは、上にあげたようなメリットもデメリットも出てこない。たとえば水道管がつながっていても、栓が閉まっていれば水が流れないのと同じことだ。資源動員の問題も構造の問題も、こうつなげば水道の水が出るはずだという、水道管の設計の問題にすぎない。その水道管をどうやって開かせてメリットを引き出すか。ここまで考えて初めて営業の仕事、つまり境界連結の仕事は完結する。

第9章

　まず消費者との接点としては酒販店があげられる。オールドのリニューアルに際しては、酒販店を山崎蒸溜所に招き、ブレンダーを交えてウイスキーについて語り合うなどして、ウイスキーに対する理解を深めてもらう努力をしていた。

　またもう1つの消費者との接点である飲食店への働きかけとしては、二本箸作戦があった。2本の箸を持つ和食店にウイスキーを置いてもらうことで、和食にもウ

イスキーが合うということを消費者に理解してもらおうというわけだ。「ウイスキーには洋食」という固定概念を打ち破り、和食の時にもウイスキーを飲んでもらうことで、ウイスキーの需要が拡大する。そのために、水割りという飲み方を提案したりもした。また若者のウイスキー離れに対しては、ウイスキー離れの原因にもなった居酒屋を巻き込んで、居酒屋でウイスキーを飲んでもらえるよう、居酒屋の専用ブランドをメニューに加えるということも行っていた。営業の仕事は、このように、取引先を巻き込んで、自社の味方につけることも重要なポイントである。

　どの取引先を巻き込んでいくかを考えるのもまた、営業の役割である。サントリーの事例では、ウイスキーを普及させるために和食の店を巻き込むとか、ウイスキー人気を復活させるために成長著しい居酒屋チェーンを巻き込むということも、営業部門の戦略の重要な一部であった。

　営業はこのようにして商品の販路を作っていく。販路のことをマーケティング・チャネルともいう。チャネル（channel）の語源はcanal、つまり運河ないし水路のことである。取引先を味方につけ、商品が消費者まで流れていく水路を確保すること。これも営業の重要な役割なのである。

❖ 営業部門以外の部門との連携

　さて、取引先を巻き込むといっても、どうすれば巻き込むことができるのだろうか。たとえば、オールドの事例でいえば、酒販店や飲食店の幹部にウイスキーのブレンダーが直接対話するということがあった。あるいはオールドを初めて和食の店に売り込んだ時のように、ミニチュアボトルやベビーボトルを作るということがあった。さらには寿司屋の板前が閉店後にオールドで一息つく広告を大々的に打つということもした。

　これらは営業部門が窓口になって行った活動ではあるけれども、営業部門だけでできる活動ではない。営業以外の部門を巻き込んで初めて実現する活動である。ウイスキーのブレンダー、さまざまな形状のボトルの製品を開発してくれた開発部門、広告を企画した広告部門など、社内の営業以外の部門の協力なしに、営業活動は成り立たない。

　こうした社内の各部門の協力体制は、取引先と関係を築いたり維持したりする際に重要な武器になる。取引先の立場からすれば、ブレンダーの話に共感できたから仕入れよう、ボトルのサイズが要望通りに変わったから仕入れよう、広告をしっか

りやっていて売れそうだから仕入れようということになる。社内各部門の協力があって、初めて取引先を巻き込むこともできるのである。営業担当者が頭を下げて何とかなるとか，商談の場のセールス・トークのうまさで何とかなるという問題ではないのである。商談を担当しているのは営業部門ではあるが、商談の現場で何が言えるかは、営業以外の部門との協力体制のあり方で決まってくる。

4　おわりに

　ここまで読んできて、人間臭い話が出てこないことに違和感を覚えた読者もいるかもしれない。営業の世界では、「商品を売る前に、まず自分を売れ」とよく言われる。営業といえば、取引先との信頼が大切なのではないのかと思っている人も多いだろう。

　確かに、信頼関係はいったん確立されれば、営業活動にメリットをもたらす。しかし、そもそもこの信頼関係とはどのようにして確立されるのだろうか。当たり前のことだが、信頼関係を得る確実な方法など存在しない。信頼が得られるかどうかなどということは、かなり偶然に左右されることであり、それだけに頼っていたのでは、まともな仕事はおぼつかない。できるだけ偶然に左右されない仕事の仕組みを考える必要がある。信頼の問題にこれまであまり触れてこなかったのは、このためでもある。

　ただ、信頼をなくす方法ははっきりしている。営業の世界でいえば、取引先と約束したことを守らないような不誠実な営業活動をしていたのでは、取引先から信頼を失うのは確実だろう。つまり、取引先との約束を守るということが信頼関係を作るための最低限の条件になっていると考えられるだろう。

　そういう意味では、上で述べた、社内の協力体制を作るということは、この信頼関係にも大きく影響してくる。たとえば、商品の納期1つにしても、営業の一存で決められるものではなく、生産部門や物流部門との調整がいる。取引先とどんな約束ができるのか、そしてその約束が守れるのかということは、社内の協力体制がきちんとできているかどうかで決まるのである。つまり、営業の世界の信頼というのは、取引先と営業担当者の人柄や相性だけの問題ではない。むしろ営業担当者が売り手企業の代表者として社内の協力体制をきちんと構築できているかどうかということが、営業担当者が信頼を得ることができるかどうかに大きく影響してくるので

第9章

Column 9 - 2

営業における信頼

　信頼関係ができていると、営業活動において、さまざまなメリットが生じる。第一に、顧客の意思決定が迅速化する。信頼関係ができていると、商談の内容について、顧客から任せてもらえる部分が多くなるからだ。第二に、紹介の連鎖である。顧客から次の顧客を紹介してもらえることである。新規開拓にかかる手間を大幅に節約できるし、紹介を受けた顧客からの信頼もまた獲得しやすい。こうしたことから、信頼関係があると、営業の手間がかからず、結果的にコストの削減になる場合が多い。これらをまとめて信頼の経済という。

　また、信頼は差別化要因としても働く。ライバルの商品と自社商品に極端な差がない場合には、信頼関係のできている営業担当者から商品を買ってもらえる可能性が高い。もっともこれはあくまで商品や取引条件に極端な差がない場合のことで、極端な差があれば信頼関係ができているかどうかはあまり大きく影響しない。

　そもそも信頼関係ができていなければ、営業担当者のいうことを信じてもらえない。顧客にどんなに素晴らしい提案をしても、信頼関係ができていなければ、「そんなうまい話に乗るものか」という疑いの目で見られるだけである。逆に、信頼関係ができていていれば、提案の内容を信じてもらえるし、きちんと検討してもらえる。

　このように信頼は営業担当者の強力な武器になる。信頼を手に入れた営業担当者は、営業成績が伸びるし、社内での発言力も強くなる。

　しかしそれゆえに、信頼に頼った営業は一匹狼型の営業担当者を生み出すことになりがちだ。このことは、営業担当者個人の能力を超えたような大きな問題に直面し、チームプレイが求められるようなときには、逆に障害になることもある。そこで、最近では、営業担当者個人への信頼（属人信頼）ではなく、企業ないし企業が提供するビジネスのしくみ全体への信頼（システム信頼）へと切り替えていこうという動きが盛んである。

ある。

　結局のところ、営業というのは、売り手企業内のさまざまな経営資源を巻き込んで、取引先とつないでいく大きな流れを作り出すことが重要なのだ。営業が境界連結者と呼ばれるのは、このためである。

？考えてみよう

1．ウイスキーを売るために、サントリーが行ってきたことを書き出し、そこから、ウイスキーを売るために営業部門がやるべきことを考えてみよう。

2．サントリーのウイスキー事業と同じように、製品ジャンルそのものを普及させなければならないような製品ジャンルをあげてみよう。

3．2であげた業界では、どんな営業活動が必要か考えてみよう。

参考文献

「サントリー（ウイスキー事業）飲む文化を伝えて"洋酒天国"再建へ『地道さ』選んだマーケティング転換」日経情報ストラテジー、2008年2月号、pp. 56-61。

「再生25年　お客道標に」日経ビジネス、2007年3月19日号、pp. 36-39。

サントリー株式会社編、「サントリー90年史」サントリー株式会社（社内資料）。

次に読んで欲しい本

石井淳蔵『営業が変わる：顧客関係のマネジメント』岩波アクティブ新書、2004年。

田村正紀『機動営業力』日本経済新聞社、1999年。

嶋口充輝、石井淳蔵編著『営業の本質』有斐閣、1995年。

高嶋克義、田村直樹『45のエピソードからみる営業の課題解決』光文社、2016年。

第9章

Ⅲ

関係のマネジメント

第 **10** 章

顧客関係のマネジメント

第1章
第2章
第3章
第4章
第5章
第6章
第7章
第8章
第9章
第10章
第11章
第12章
第13章
第14章
第15章

1 はじめに

お得意様という言葉を聞いたことがあるだろうか。固定客、常連客とも呼ばれ、繰り返し商品を購入してくれるリピーターのことである。

企業はお得意様がいるとメリットがある。常に広告宣伝や販売促進にお金と手間をかけなくても、お得意様が頻繁に商品を購入してくれる。わざわざ割引しなくても購入してくれたり、こちらがお薦めした他の商品を新たに購入してくれる場合もある。お得意様がいると、コストも抑えながら、安定的に収益をあげることができる。

一方、お得意様側にもメリットがある。いつも購入するお店や商品を決めておけば、情報収集・比較する時間が節約できる。ずっと気に入っている商品を購入するので、買ってから失敗したと思うことがない。また販売員も購入者の好みを知り尽くしているので、好みにあった商品を提案してくれる。販売員と仲良くなれば、アドバイスや特別なサービスも期待できる。

つまり繰り返し商品を購入してくれるお得意様（リピーター）がいると、企業側にとっても、顧客側にとっても双方にメリットがある。しかしお得意様は一朝一夕に増やすことは難しく、時間をかけて企業と顧客との良好な関係性（＝顧客関係）を作る必要がある。

本章では、アウトドアブランドの「スノーピーク」の事例を通して、この企業と顧客との良好な関係づくりについて学ぶ。

2 熱狂的ファンをつかむ「スノーピーク」

❖ アウトドアブランド「スノーピーク」

株式会社スノーピーク（以下、スノーピーク）は新潟県三条市に拠点をおくアウトドア製品ブランドである。創業は金物問屋だったが、登山が趣味だった初代社長山井幸雄氏がオリジナル登山商品を開発したことが契機となった。後を継いだ現社

【写真10‐1　スノーピークのキャンプ商品】

出所：株式会社スノーピーク

長（山井太氏）の代で、オートキャンプブランドとして「スノーピーク」は日本の
みならず海外にも広く知られるようになった。強風でも倒れない頑強なテント、シ
ンプルで頑丈な焚き火台など、品質とデザイン性を兼ね備えたこだわりのキャンプ
用品を展開している。

　三条市にあるスノーピークの本社は敷地面積約５万坪の広大なキャンプ場の中に
あり、敷地内には直営店もある（以前はこの敷地内に工場があったが、2017（平
成29）年３月に稼働を開始した物流センターに移転している）。「スノーピーカー」
と呼ばれる熱狂的ファンがキャンプを楽しむために、この広大なキャンプ場を訪れ
ている。このキャンプ場は顧客のためにあるだけではなく、山井社長を含めたス
ノーピーク全社員もユーザーとして本社のある敷地でキャンプを楽しむ。山井社長
自身もアウトドア愛好家として年間30〜60泊をキャンプで過ごしている。

　多くのスノーピーカーに支持されているスノーピークだが、初めから熱狂的な
ファンがいたわけではない。スノーピークはどうやって顧客と良好な関係を築き、
自社のファン（スノーピーカー）を増やしていったかについて見ていこう。

❖ ユーザーのための流通改革

　山井社長がこだわりのキャンプ用品を作り始めたのは社長に就任する以前の
1988年であり、アウトドアブームの追い風に乗って順調に売上を伸ばしていった。

しかしアウトドアブームが落ち着くとバブル崩壊の影響もあって、売上は毎年減っていき、1996（平成８）年に社長職を引き継いだ時は厳しい経営状況にあった。売上を上げるために新製品をどんどん開発して販売したり、海外展開を開始したりしたが、状況は改善されなかった。

　転機となったのは社員の発案で始めたユーザーを集めたキャンプイベント「スノーピークウェイ」である。このイベントはその後も現在まで定期的に開催している。このキャンプイベントでは社員がユーザーと積極的にコミュニケーションをとり、自社商品を含めたアウトドアの話を楽しんでいる。第１回目のキャンプイベントに参加したユーザーからは自社商品への高評価もあったが、「値段が高すぎる」「小売店の品揃えが悪くて、欲しいものが買えない」という不満の声があった。それまでアウトドアショップなど小売店への卸売は問屋に任せていたが、小売店によって品揃えにバラツキがあり、スノーピーク商品の良さを店頭でしっかり伝えられていなかったことが明らかになった。そこで山井社長は問屋を介さずに小売店との直接取引に変更し、小売店もスノーピーク全商品を店頭販売してくれる店に絞り込むことを決断した。約1,000店舗あった販売店舗（小売店）を約250店舗にまで絞り込み、正規特約店としてカタログやWEBサイトに店舗情報を掲載した。この流通改革は、取引を停止された問屋や小売店からの大きな反発を生むことになったが、消費者は正規特約店ですべてのスノーピーク商品を手に取ることができるようになり、問屋を省いたことで販売価格を約３割も引き下げることができた。キャンプイベントでのユーザーの直接の声を真摯に受け止め、ユーザーの満足度を最優先させた流通改革である。

❖ リアルな場を通じたユーザーとの関係づくり

　この流通改革後、スノーピークはユーザーとの繋がりを重視した取り組みを活発化させていった。１つは流通改革の契機ともなったキャンプイベント「スノーピークウェイ」である。全国のユーザーに集まってもらい、社長も含めた社員達と一緒にキャンプをするイベントである。1998年から毎年続けており、近年は開催場所も増えて、約5,000人（2015年時）が参加している。人気のキャンプ地は抽選だという。このキャンプイベントは日頃直接顔を合わせることのないユーザーからスノーピーク商品への忌憚のない声を聞ける機会である。キャンプイベントには経理や総務などスタッフ部門の社員も参加して、自分達がユーザーのために仕事をして

【写真10 - 2　スノーピークのキャンプイベント「スノーピークウェイ」】

出所：株式会社スノーピーク

いることを理解する機会にもなっている。LEDランタン「ほおずき」やシェルター「リビングシェル」などキャンプイベントで得られたユーザーの声をもとに開発・改良された商品も少なくない。

　またスノーピーク本社がある広大なキャンプ場にユーザーを招き、全社員一丸となってワークショップや飲食ブース、イベントなどを開催する雪峰祭も2000年から開催している。キャンプイベントはユーザーの生の声を聞く場であり、雪峰祭は日頃の感謝をユーザーや地域の方々に伝える場になっている。

　当初は直営店舗を持っていなかったため、日常的にユーザーの声を聞くことが難しかったが、現在は全国に26の直営店舗（2019年5月時点）を持っており、店舗スタッフは日々ユーザーと直接交流することが可能になった。

❖ ネットを介したユーザーとの関係づくり

　リアルな交流だけではなく、インターネットを介したユーザーとの交流も活発である。2005年にユーザー向け交流サイト「Snow Peak Club」を立ち上げ、ユーザーがスノーピーク商品へのコメント・キャンプ記録・キャンプ料理紹介などをアップし、他のユーザーやスノーピークスタッフがレビューすることで交流を生んできた。この「Snow Peak Club」はSNSサイトのFacebookに場所を変え、「Snow Peak Community」としてユーザー同士やスノーピークスタッフと気軽

第10章

にコミュニケーションを図る場となっている。スノーピークスタッフが介在しなくても、ユーザーがスノーピーク商品の活用方法を知らせたり、キャンプへの疑問点に対して他のユーザーが回答したりと、活発に利用されている。スノーピークスタッフが気付かなかった商品の使い方や、ユーザーのアウトドアライフの楽しみ方がどんどん発信されている。

❖ モノからコトの提供へ

　スノーピークはユーザーと密接につながり良好な関係を築く場として、ユーザーとさまざまな接点を作り出してきた。リアルな場として、キャンプイベントや雪峰祭などの各種イベント、直営店を含めた店舗、そしてデジタルな場としてSNSを活用している。スノーピークがさまざまな接点で、多くのユーザーと密接につながるのは、単に自社商品のフィードバックを獲得したい、新商品を宣伝したいだけではない。スノーピークがユーザーとの交流を通じて伝えたいのは、自社商品の良さだけではなく、自社商品を使って得られるアウトドアの楽しさである。モノ（キャンプ用品）の提供ではなくコト（アウトドアライフ）の提供である。実際に、商品の販売だけでなく、2011年より直営キャンプ場（キャンプフィールド）の運営を始め、全国6か所を運営している（2019年5月時点）。

❖ ライトユーザーとロイヤルカスタマー

　顧客であるユーザーは購入頻度や購入額によって深さがある。一般的に購入頻度・購入額が低いユーザーはライトユーザーと呼ばれ、購入頻度・購入額が高いユーザーはロイヤルユーザーもしくはロイヤルカスタマーと呼ばれる。企業にとって大切なことは、できるだけ多くのファンを増やして、継続的に商品を購入してもらうことである。ロイヤルカスタマーは商品の良さを理解してくれているため、新たに商品を購入してくれる。販売スタッフもロイヤルカスタマーの手持ち商品や好みを知り尽くしている。そのため買い替えを勧める、あるいは、好みに合う商品を勧めることで、売上につなげることができる。ロイヤルカスタマー側も自身の好みを知ってもらっているため、好みに合った商品を的確に勧めてもらえるのは嬉しい。売り手と買い手が単発（1回毎）の取引関係ではなく、長期継続的な取引関係を築く考え方を「関係性パラダイム」という（Column10－1参照）。

144

Column10 - 1

交換パラダイムと関係性パラダイム

　パラダイムとはある時代に共通した考え方や規範のことであり、このパラダイムが変化することをパラダイム・シフトという。マーケティング・パラダイムとはマーケティングの実務家や研究者が共有する考え方（認識の枠組み）であり、その代表的なものとして「交換パラダイム」がある。これは「売り手と買い手の双方にとって価値のある交換を実現することが、マーケティングの中心的な課題である」という考え方である。

　売り手と買い手との交換を実現するには、どちらかがメリットを得るのではなく、双方にメリットがなければならない。売り手は買い手が必要とする価値を提供し、買い手はそれを得て満足を最大化する、売り手はその対価（金銭）を受け取るウィンウィン（win-win）の関係を構築することが、交換パラダイムの基本的な考え方である。

　交換パラダイムに対し、近年新たに注目されているのが「関係性パラダイム」である。これは「顧客との関係性を構築し維持することが、マーケティングの中心的な課題である」という考え方である。交換パラダイムは1回毎の取引で双方にメリットがあるものであるが、関係性パラダイムは1回毎の取引にとらわれず長期的・継続的な関係で双方にメリットがあるものである。つまり売り手は買い手を1回きりの取引（交換）相手とみるのではなく、長期的な関係を持つ取引相手とみる。売り手はいかに買い手との良好な関係を築き、その良好な関係を維持していくかが、マーケティング活動の中心になる。

　たとえば、美容院を初めて利用する際、お試し価格として割安で利用できる場合が多い。美容院側は利益にはならないが、繰り返し利用してもらうことで利益になる。お互いの信頼関係が生まれれば、他のサービスを利用したり、ヘアケア製品を購入することもある。

　顧客と良好な関係を築くためには、顧客のニーズや購買行動を分析する必要があるが、近年の情報技術の発展が、関係性パラダイムへのパラダイムシフトを後押ししている。

第10章

　もう1つ企業にとって大切なのはライトユーザーからロイヤルカスタマーにステップアップしてもらうことである。つまりもっと商品を好きになってもらい、もっと多くの商品を、頻度を上げて購入してもらうことである。

❖ 熱狂的なファンづくりを支えるポイント会員制度

　スノーピークの熱狂的なファンは「スノーピーカー」と呼ばれ、スノーピークの
ロイヤルカスタマーである。スノーピークはリアルな場およびデジタルな場といっ
たさまざまな接点を通じてユーザーとの交流を図っているが、ロイヤルカスタマー
の維持およびライトユーザーからロイヤルカスタマーへのステップアップを支える
ものとしてポイントカード会員制度（Snow Peak Point Membership）がある。
同社のポイントカード会員は全国に35万人以上もいる（2019年5月時点）。購入
額に応じてポイントが貯まりオリジナル商品と交換できるが、すべて非売品でファ
ンならば手に入れたいものばかりである。また複数の会員ランクがあり、年間購入
額によって会員ランクが変更する。ランク毎にポイント数付与率が異なるため、ラ
ンクアップするほどポイントが貯まりやすくなり、お目当てのオリジナル商品の交
換ポイントに近づく（**表10－1**）。

　上位ランク会員は単にポイント付与率が高いだけではない。スノーピークは上位
ランク会員を集めたイベントを開催し、社長と直接コミュニケーションができる機
会を設けている。対象者は上位ロイヤルカスタマーであるブラックカード会員（購
入累積金額100万円以上）およびサファイアカード会員（購入累積金額300万円
以上）であり、スノーピークの経営方針や商品開発などについてインタラクティブ
にディスカッションを行う。その会では発売前の新商品がお披露目され、上位ロイ
ヤルカスタマーの意見を伺う場にもなっている。つまり上位ロイヤルカスタマーは

【表10－1　スノーピークのポイントカード会員制度】

会員ランク	ポイント付与率	ランクアップ条件
レギュラーカード会員	2％	－
シルバーカード会員	3％	年間購入累積金額10万円超
ゴールドカード会員	5％	年間購入累積金額20万円超
プラチナカード会員	6％	年間購入累積金額30万円超
ブラックカード会員	7％	購入累積金額100万円超
サファイアカード会員	8％	購入累積金額300万円超

出所：同社ホームページより筆者作成

単なる熱狂的ファンだけではなく、スノーピークの新商品を創り出す側、もっといえばスノーピークの将来を創造する場にも参画しているのである。

3 顧客関係の構築と関係維持

❖ 顧客との約束─信頼とコミットメント

　企業が顧客との良好な関係性を築くために何より大切なのは、顧客との信頼関係を築くことである。商品の品質に一切の妥協はしない・店員が心のこもった接客を行う・虚偽の情報は提供しないなど顧客を絶対に裏切らない姿勢が不可欠である。

　スノーピークは世に出す製品に２つの条件を課している。１つはお客様に感動を生む何らかの新規性があること、もう１つはすべての製品に永久保証がついていることである。感動を生むモノづくりを実現するために１人の開発担当者が企画・デザイン・作り込み・製品完成まですべて関わっている。また永久保証を約束することで、モノづくりへの妥協なきこだわりが生まれる。スノーピークは真剣勝負でお客様に向き合っている。スノーピークの企業姿勢に共感した顧客は「アウトドア商品を購入するなら絶対スノーピーク」「テントを買い替えるなら絶対スノーピーク」という意識が生まれていく。顧客が企業（商品ブランド）に愛着を持って、購入（使用）し続けたいという気持ちをコミットメントと呼ぶ。企業が顧客の信頼を得る取り組みを継続し、顧客からのコミットメントを生み出すことが大切である。この信頼とコミットメントを企業と顧客が結ぶ「絆（エンゲージメント）」と呼ぶ。ただし、品質不良や企業不正が公になれば一気にこの絆は失われてしまう。

❖ カスタマーリレーションシップ・マーケティング

　顧客をロイヤルカスタマーに育成する考え方として、カスタマーリレーションシップ・マーケティング（CRM：Customer Relationship Management）という言葉がある。これは顧客１人ひとりの属性や嗜好などを購入情報等から分析して、パーソナルなサービスや情報提供を通じて、継続購入を促進することである。

　スノーピークが開催しているさまざまなイベントやポイントカード会員制度は

Column10 - 2

CPOとLTV

　CPO（Cost per Order）とは１注文当たりの顧客獲得コスト、企業が１人の新しい顧客を獲得するのにかかる費用のことである。新しい顧客を獲得するために企業はテレビCMや新聞雑誌・インターネット広告、イベントやチラシなどに多くの広告宣伝費を使っている。例えば広告宣伝費に100万円を使ったとして、その広告を通じて新しい顧客を10人獲得できた場合、CPOすなわち１注文当たりの顧客獲得コストは（広告宣伝費）100万円÷（注文数）10人＝10万円と算出される。よほど高額な商品でなければ１回のみの注文では企業側に利益が出ないことが多く、何回も繰り返し購入してもらって企業は利益を出すことができる。企業はお金をかけて広告宣伝を実施する場合、このCPOを常に計算しながら、広告宣伝が効果的であったかを検証している。

　新しい顧客を獲得するために使った広告宣伝費を回収するには、何回も繰り返し購入してもらう必要がある。そのためには１回注文してくれた顧客にダイレクト・メールやクーポン、プレゼントを送ったりと継続購入を喚起するための販売促進費が必要になる。一般的に顧客関係維持に必要な費用は新規顧客獲得コスト（CPO）の５分の１ともいわれ、広告宣伝費を使って常に新しい顧客を探し続けるよりも、継続購入してくれる得意客になってもらうほうが企業にとって効率的である。

　顧客を単発購入客ではなく、生涯にわたって継続購入する顧客（得意客）として見る概念として、LTV（ライフタイムバリュー：顧客生涯価値）という言葉がある。これは１人の顧客が生涯にわたって企業にもたらした価値の合計を意味する。大きな広告販売コストをかけてたくさんの単発購入客を獲得するよりも、１度購入してもらった顧客を得意客に育てるほうがより利益をもたらす。特に少子化や成熟市場で、以前のようにたくさんモノが売れない時代ではLTVの最大化を重視するべきである。

CRMの１つである。商品購入客（もしくはサービス利用客）に対して電話にて新商品のご案内をする、あるいは、得意客限定のキャンプイベントを開催し一緒にキャンプを楽しむなど、ロイヤルカスタマーへの特別な対応やサービスを通じて、もっとファンになってもらう方法である。顧客の属性や嗜好等の購入情報を分析するために顧客データベースと高度なデータ分析が必要である。

　カスタマーリレーションシップ・マーケティングを実施するには、システム費用だけでなく一定の費用が必要となるが、新たに顧客を獲得する費用よりも低い（Column10－2参照）。

❖ 顧客との価値共創

　価値共創とは企業が顧客とともに価値を創り出すことであり、2つの文脈で使われている。1つは、顧客は商品を使うことで新しい価値を創り出すという意味である。たとえばApple社の商品（iPhoneやiPad等）の場合、顧客は電子機器を購入したのではなく、商品を使うことで音楽や映像、友人との交流を楽しむという価値を生み出している。スノーピークの商品も、顧客はスノーピーク商品を使うことで、アウトドアライフを楽しむという価値を生み出している。この顧客が創造する価値は1人ひとり異なっており、企業が想像できない価値が生み出される。

　もう1つの意味は商品開発において顧客が参加して新しい価値を創り出すという意味である。多くの企業が商品開発のプロセスにおいて、消費者に参画してもらい有益な意見やアドバイスをもらっている。スノーピークもさまざまなイベントを通じて消費者からの声を集めるとともに、ロイヤルカスタマーには発売前の商品への評価コメントをもらう場を設定しており、顧客の声をモノづくりに活かしている。

❖ 裾野を広げて市場拡大に挑む

第10章

　スノーピークはさまざまな取り組みを通じて自社のファン＝スノーピーカーを増やしてきた。同社が近年強化しているのはキャンプをやらない人達＝未キャンパーの取り込みである。キャンプを楽しむキャンパーは国民の6％に過ぎず、市場は限られる。残り94％の未キャンパーに本格的なキャンプにこだわらないアウトドアライフの楽しみを伝えることで市場拡大を図っている。近所の公園でコーヒーを沸かしてリラックスする、自宅の庭やベランダで料理して食事を楽しむといった、都会でアウトドアを楽しめる「アーバンアウトドア」である。またオフィス家具としてキャンプ用品を取り入れ、会議や研修にアウトドアの要素を取り入れる「キャンピングオフィス」、アウトドアの知見を生かした「地方創生」なども展開している。身近な場所でのアウトドアを提案するだけではなく、必要な道具のレンタルサービス（手ぶらCAMP等）や、ダッチオーブンでつくったアウトドア料理を提供する

レストランなど、キャンプ道具がなくとも気軽にアウトドアを楽しめる取り組みを始めている。

また2014年からはアウトドアでも日常でも着られる機能性とファッション性を兼ね備えたアパレルを展開している。他にも日本酒（久保田）や天然水スパークリング（サントリー）とのコラボ商品など、異業種とのコラボレーションも積極的に取り組んでいる。

同社のコーポレートメッセージは「人生に、野遊びを。」であり、道具を揃えた本格的なキャンプライフを提案するだけではなく、自然と触れるアウトドアライフを通じて人間性の回復を図ることを社会的使命としている。アーバンアウトドアやアパレル、異業種とのコラボレーションは、キャンパーをコアファンに育てていくだけではなく、未キャンパーへと顧客の裾野を広げる取り組みである。未キャンパーにアウトドアの素晴らしさを伝えるだけではなく、未キャンパーが実際にキャンプに関心を持つ契機にもなっている。

4 おわりに

本章では、アウトドアブランドの「スノーピーク」の事例を通して、企業と顧客との良好な関係づくりについて学んできた。

企業が顧客との良好な関係づくりの前提となるのは、顧客との信頼関係を築き、顧客からのコミットメントを生み出すことである。そして多くの広告宣伝費や販売促進費をかけて単発購入客を獲得するのではなく、一度購入してくれた顧客をじっくりロイヤルカスタマーに育てあげることが会社に利益をもたらす。そのために顧客とのさまざまな接点を創り、ロイヤルカスタマーになってもらえるようなさまざまな仕掛けが必要になる。なおロイヤルカスタマーの中でも、商品の良さを他人に宣伝・推進してくれる上得意客はエバンジェリスト（伝道師）と呼ばれる。同時に新しい顧客を潜在顧客から開発し続けることも必要である（**図10‐1**）。

【図10‐1　ロイヤルカスタマーの育成】

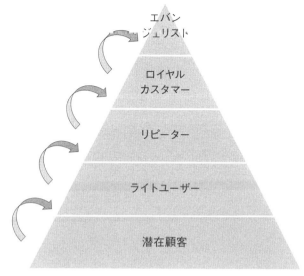

出所：筆者作成

? 考えてみよう

1．1回毎の交換を中心とした取引と、継続的な関係の構築を中心とした取引の具体例を上げてみよう。

2．顧客をロイヤルカスタマーにするための取り組みについて具体例を上げてみよう。

3．顧客との価値共創について、顧客が商品を使うことで新しい価値を創り出す事例と、顧客参加型の商品開発で新しい価値を創り出す事例をそれぞれ上げてみよう。

第10章

参考文献

「開発は徹頭徹尾一人に任す」日経ものづくり、2008年3月号、pp. 6-8。

「顧客と一緒にキャンプをする会社スノーピーク」人材教育、2012年12月号、pp. 64-67。

「熱狂的ファンを掴むスノーピークの成長戦略」月刊レジャー産業資料、2015年5月号、pp. 28-31。

「注目企業の理念と実践　スノーピーク」商業界、2016年3月、pp. 72-77。

「スノーピークが実践するユーザー主義の原点」ダイヤモンドハーバード・ビジネ
　ス・レビュー、2017年 9 月号、pp. 48-60。

次に読んで欲しい本 ━━━━━━━━━━━━━━━━━━━━━━━━━━━●

石井淳蔵、栗木 契、嶋口充輝、余田拓郎『ゼミナール　マーケティング入門』（第
　2 版）日本経済新聞出版社、2013年。

久保田進彦『リレーションシップ・マーケティング：コミットメント・アプローチ
　による把握』有斐閣、2012年。

村松潤一『ケースブック価値共創とマーケティング論』同文舘、2016年。

第11章

ビジネスモデルの
マネジメント

1 はじめに

　みなさんはいわゆる「立ち食いグルメ」に行ったことはあるだろうか。フランス料理やステーキ、焼き肉など、これまで高級といわれた料理がリーズナブルな価格で楽しめる外食店で、連日多くの人たちでにぎわっている。しかし、どうしてお客が立って食べるだけで安く料理を提供できるのか不思議に思ったことはないだろうか。

　料理の質が低いわけではない。あるフランス料理の立ち食い店は、超一流のシェフが高級食材を使い、着席型のお店に負けないレベルの料理である。それが半額から10分の1の値段で提供されるとなると、それはただの値引きというわけにはいかない。その背後には、価格を下げても儲けることができるビジネスモデルが存在しているのである。

　ビジネスモデルという言葉は学術、実務双方で多種多様な使われ方をしているので、ここでは収益を得るための仕組みと定義しておこう。もっともわかりやすいビジネスモデルはヒット商品を開発して販売するというものだ。今までのマーケティングは、このタイプのビジネスモデルを支えるための方法であった。しかし最近はいくつかの理由から、このような「売り切り型」ビジネスモデルでは、企業としての成長が難しくなり、新しいタイプのビジネスモデルが求められるようになってきた。それはなぜだろうか。本章では、体脂肪計で有名となったタニタの事例を通して、このビジネスモデルについて考えてみる。

2 タニタの製品開発とマーケティング

❖ 技術志向のモノ作り

　タニタと聞くと「タニタ食堂」を思い浮かべる人も多いかもしれないが、同社は1944年に設立した、家庭用・業務用計量器の大手メーカーである。もともとは金属加工会社として、シガレットケースやトースターなどを製造してきた。1959年

【写真11-1　タニタの体組成計】

出所：株式会社タニタ

に体重計を「ヘルスメーター」と名付けて製造・販売を始めて以来、同社は体脂肪計や体組成計、歩数計、血圧計、クッキングスケールなど、数々の「はかる」商品を世に送り出す企業へと転換していく。

　タニタの歴史は、金属加工の時代も含めて、製品開発の歴史であったといっても過言ではない。まず同社の製品には「世界初」「日本初」と冠されるものが多い。ライバル企業に先駆けて、新しい機能や特徴を持った製品を積極的に開発してきたということである。同社の代名詞となっている体脂肪計はその代表例だ。タニタは1992年に、乗るだけで体脂肪率をはかることができる体脂肪計を世界ではじめて開発し、その２年後には家庭用ヘルスメーターにその機能を搭載する。体重計に乗るだけで、体重と体脂肪率を同時にはかることができるこの商品は、タニタ史上最大のヒットとなった。そしてこの商品は同社の知名度を一気に高め、「体脂肪計のタニタ」として「はかり総合メーカー」の地位確立に大きく貢献する。

第11章

❖ 価値志向のモノ作り

　タニタ製品の特徴は技術的な新しさだけではない。タニタは製品開発において、消費者がその機器を使う理由を考える姿勢を持っていた。たとえば、タニタは日本で初めて、体重計にデジタル表示方式を採用している。体重を測れるのであれば、表示方式は何でも構わないのではないかと思うかもしれない。しかし消費者が体重を測る理由をよく考えると、答えが変わってくる。ダイエットのために体重計を利用している顧客は、体重のわずかな増減にも一喜一憂しているに違いない。そのと

き、おおよそ50キロとしか表示できないアナログ方式と、100グラム単位、50グラム単位ではっきりと体重を表示できるデジタル方式では、どちらが顧客にとって価値が高いだろうか。高コストになるため、他社との競争で決して有利とは言えなかったデジタル方式の開発に、あえて先駆的に取り組んだ理由がここにある。高い価値と技術を備えた製品を確実に売り切る。これがタニタのビジネスモデルだった。

❖ 売り切り型ビジネスモデルの限界

　ところがそのタニタも、成長に陰りが見え始める。2000年頃には240億円程度あったといわれる売上高は、2013年頃には120億円程度にまで減少する。これにはいくつかの原因がある。

　まずライバル企業との競争激化である。体脂肪計はこれまで特許によって類似品の登場を防いできたが、その技術特許が2002年に期限を迎えると、他社から追随製品が続々と発売されるようになる。高価格帯では高い技術力と強力な販売力を持ったオムロンやパナソニック、低価格帯では中国をはじめとする海外製品がタニタ製品のシェアを奪っていく。さらに簡単にこわれるものではない健康計測機器は、買換え需要もそれほど見込むことはできない。

　もちろんタニタも新しいヒット商品への努力は続けてきた。たとえば、体脂肪率だけでなく筋肉量や基礎代謝量など、より多くのからだに関するデータを計測できる体組成計や、アニメや映画、ゲーム会社などとコラボレーションした歩数計などである。しかし、かつての体脂肪計のような大ヒット商品は生まれていない。マーケティング発想と高い技術力を組み合わせた製品開発を行うタニタであっても、それを販売するだけのビジネスモデルだけでは、望む収益を得ることが難しい時代になってきたのだ。

3　タニタのビジネスモデル開発

❖ タニタ食堂のブーム

　そこでタニタは従来の「売り切り型」から、自社製品の顧客や情報を用いて、製

Column11 - 1

ビジネスエコシステム

　本章で見たように、企業を取り巻く環境が変化している中、新しいビジネスモデルをつくり、育てていくことが重要になっているが、それをすべて自社だけ行うことは難しくなっている。変化のスピードも速いし、多様化する顧客ニーズに対応するにはたくさんのことに同時に取り組まなければならないからだ。そこで生まれてきたコンセプトが「ビジネスエコシステム（事業生態系）」である。エコシステムとはもともと生態系という意味だ。たとえば、アフリカのサバンナではライオンなどのような強い捕食動物だけが生きているわけではない。草食動物や鳥、植物や昆虫、そして菌類までもがさまざまな役割を果たしながら、1つの世界を構成している。

　ビジネスも同じである。異なる能力や知識を持った企業が協力しながら、1つの価値を生み出していくことになる。たとえばアップルはパソコンやスマートフォン、タブレットなどさまざまな製品を展開しているが、これには液晶パネルメーカーや部品メーカーなど多くの外部企業が協力している。製品の価値をさらに高めるためには、アプリや音楽、映画などのコンテンツも必要だ。これらの開発や運営をすべてアップルが担当することは不可能だ。こちらも外部企業が、アップルの定めた規格（ルール）の中で独自にビジネスを展開している。

　アップルは自社のエコシステムの中心には、iTunesやApp Storeなどコンテンツを開発・販売するプラットフォームが用意されている。このようにエコシステムがうまく機能するような仕組みやインフラを整備する企業をハブ企業と呼ぶ。エコシステムの価値を高めるには、ライバル企業も含まれることがある。アップルのエコシステムには、多くの分野でライバル関係にあるマイクロソフトも含まれている。これからのビジネスは、エコシステムの中で競争と共創という相反する2つの「きょうそう」を同時に行っていかなくてはならない。

第11章

品を売ったあとにも収益を得ることができる別のビジネスモデルも模索し始める。

　タニタの新しい収益機会といえば、まず「タニタ食堂」をすぐに思い浮かべるかもしれない。タニタ食堂とは、2012年にタニタがオープンさせたレストランである。ここではタニタ本社にある社員食堂のコンセプトを忠実に再現したヘルシーな食事を楽しむことができる。

　きっかけは『体脂肪計タニタの社員食堂』（大和書房刊）というレシピ本だ。社

員食堂がNHKの番組で取り上げられたことがきっかけで誕生したこの本は、シリーズ累計540万部以上を売り上げるベストセラーとなる。すると読者から、「このメニューはどこで食べられるのか」「タニタの社員食堂に入ることができないのか」という問い合わせが殺到する。その声に押され、東京に「丸の内タニタ食堂」をオープンさせると、たちまち人気を博す。さらにこの人気に目をつけた大手食品メーカーから「タニタ食堂監修」と銘が打たれたデザートやはるさめ、味噌などが発売され、ついには「体脂肪計タニタの社員食堂」という映画まで製作されるまでに至った。

　この「タニタ食堂」は、確かに体脂肪計をはじめとするタニタの製品が生み出した知名度とブランド力が生み出した新しい収益機会であるが、どちらかというとビジネスモデルというより事業の多角化であり、広い意味での「売り切り」ビジネスであるといえる。

❖ ヘルスプラネットの登場

　それではタニタが取り組んでいた新しいビジネスモデルとはどのようなものであろうか。そのルーツは2003年に発売された「ヘルスプラネット」という製品である。この製品は体脂肪計、血圧計、歩数計がセットになったもので、一見するとただのバンドル製品にも思える。しかしこの製品は、これまでにはない特徴があった。じつは3つの機器には無線通信機能が搭載されていて、セット内容に含まれるレシーバーと専用ソフトを使えば、計測したデータをパソコンに転送し、簡単に管理することができたのだ。

　ダイエットや健康管理のためには身体データを計測するだけではなく、それをきちんと記録し、その変化を長期間にわたって分析していく必要がある。ところが多くの顧客は、体重計や体脂肪計の数値を確認して終わってしまう。自分で記録することが面倒だし、もし記録してもそれをどのように分析すればよいかわからないからだ。つまりせっかくよい計測機器を購入しても、それを使いこなせていなかったのである。

　これまでのタニタ製品は、データの計測に関しては革新的で使いやすいものになっていたが、データの記録と使い方という面ではまだ十分ではなかった。さらに計測機能に関しては、すでにライバル企業が追随しており、競争優位性を保つことが難しくなっていた。そこで新製品ではデータの記録と活用方法を工夫し、さらに

【写真11‐2　ヘルスプラネット（計測機器とレシーバー）】

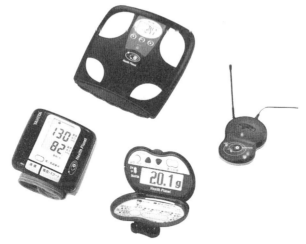

出所：株式会社タニタ

そこに新しい収益源を求めた。

　この製品は専用ソフトを使って、それぞれのパソコンでデータを管理するもので
あったが、そのデータをインターネット経由で同社に送ることで、管理栄養士など
からメールでアドバイスを受け取ることができるサービスが有料で用意されていた
のである。

　まだ十分ではなかったもの、データの管理と活用という製品を販売したあとのプ
ロセスに注目することで、自社製品の使用価値を高め、さらに新しい収益機会も生
み出すという、「モノ」と「コト」が一体化したタニタ型ビジネスモデルの原型が
生まれたのである。

第11章

❖ プラットフォームとしてのヘルスプラネット

　この「ヘルスプラネット」の考え方は、まったく同じ名前で消費者向け健康ビジ
ネスのためのプラットフォームへと引き継がれる。プラットフォームとは顧客や企
業、情報が集まり、そこで新しいビジネスや情報を生み出していく基盤となる場所
のことである。

　この2010年に始まったプラットフォームとしての「ヘルスプラネット」は、「か
らだカルテ」という健康管理サービスのデータベースを整理し、プラットフォーム

として運用したのである。

　利用者はまずこのサービスに会員登録をして、自分の体脂肪率、血圧、歩数などのデータを記録する。通信機能を備えたタニタ製の体組成計、血圧計、歩数計のユーザーであれば、専用レシーバーを通じてパソコン経由で計測と同時にデータをデータベースに送信することができる。パソコンや携帯電話から自分で入力することも可能なため、通信機能のついていない製品や他社製品のユーザーでも利用することができる。

　蓄積されたデータはグラフ化や目標値の設定など、顧客の健康管理に利用しやすいようサイト内で分析、加工される。さらにブログやツイッターとの連動などいろいろな機能も提供されている。現在ではウェブサイトからだけでなく、スマートフォンのアプリなどを使って登録、利用することもできる。

❖ プラットフォームを活用したビジネスモデル

　この「ヘルスプラネット」の利用は無料であるため、タニタがここから直接利益を得ることはない。しかしこのプラットフォームに集まる顧客、身体データと情報、そしてそれに魅力を感じた企業とともに、タニタは新しいビジネスモデルの開発に取り組む。

　自社グループによる取り組みとしては、先にあげた有料健康管理サービス「からだカルテ」との連携により収益化を目指した。2つのサービスは共通のIDを使い、ヘルスプラネットに蓄積したデータをからだカルテに自動転送、データの有効活用につなげたのだ。

　使い方の例を1つあげよう。ダイエットに取り組む人にとって、体重がだんだん減っていくことは喜ばしいことだ。しかし減少したのが脂肪ではなく筋肉であったとすれば、それはダイエットにとってよくないことになる。筋肉が減ると基礎代謝量も減ってしまうため、むしろ痩せにくい体に向かっていることになるからだ。

　「からだカルテ」の中に、「健康グラフ日記」というメニューがある。そこでは計測したデータ項目を選んでグラフを作成することができる。体重、体脂肪量、基礎代謝量、筋肉量の変化をグラフで表示すると、日々のダイエット活動のうち、どれが筋肉量を維持しながら脂肪を落としていたのかがわかるようになる。こうすることで正しいダイエットを続けることができるのだ。

　「からだカルテ」では健康・ダイエットに関するコラム、歩数計のデータを使っ

【図11‐1　タニタのプラットフォーム型ビジネスモデル】

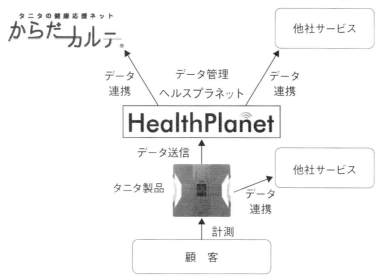

出所：株式会社タニタ提供データをもとに筆者作成

て世界中のウォーキングコースを体験できるバーチャルウォーキングなど、ダイエットに関連する情報やサービスが多数提供されている。追加料金を払えば、個別の健康指導を受けることもできる。

❖ 他社との積極的な連携

　このプラットフォームは、タニタだけが活用しているのではない。ここに集まる顧客や情報に魅力を感じた他の企業にも開放し、利用を認めている。まず2011年にヘルスプラネットの技術仕様を無償公開し、タニタ以外の企業でも自由にアプリケーションの開発ができるようにした。その結果、他社の健康管理企業がヘルスプラネットと連携したサービスを提供したり、最近では米アップル社のiPhoneの標準アプリである「ヘルスケア」との連携も始まっている。

　このようにすべて自前で行うことをやめ、他企業との連携で新しい製品やサービスを開発していくことをオープンイノベーションと呼ぶが、オープン化を図るメリットは2つある。1つはスピードである。もしタニタが身体データを使ったサービスをすべて自前で開発しようと思えば、長い時間とコストがかかる。しかし他社

の力を利用すれば、短期間で多くのサービスを揃えることができ、ヘルスプラネットのプラットフォームとしての価値や自社製品の使用価値も高まる。オープン化は、同社の体組成計や活動量計でも取り入れられている。計測データを健康や運動をテーマとしたゲームアプリと連動させることで、自社製品の使用価値をさらに高めることにつなげているのである。

　２つめは新しいアイディアの創造である。イノベーションの基本は多様性である。他社の力を借りることで、自社だけでは思いつかないような新しいサービスの開発につながる可能性がある。タニタは「健康プラットフォーム」というコンセプトを掲げ、産学連携で新しい健康ビジネスを生み出す仕組みづくりも始めている。

❖ 情報の組み合わせが生み出す価値

　このプラットフォームをベースにしたビジネスモデルは、情報をうまく組み合わせることにより価値を生み出している。このビジネスモデルの中心にあるのは、顧客が計測した身体データという情報である。情報は人・モノ・カネといった他の経営資源とは異なる特徴を持っている。まず情報は収集の仕組みを一度作ってしまえば、あとは勝手に増えていく。次に情報はいくら活用しても減ることはない。それどころか異質な情報と組み合わせることで、より大きな価値を生むことができる。

　同社のビジネスモデルは、この情報の特性をうまく活かしている。ヘルスプラネットに会員として登録してもらえれば、とくに大きなコストをかけなくても身体データは毎日増え続ける。とくにタニタの通信機能を搭載したモデルを利用していれば、顧客もタニタも、とくに大きな負担となることなく自然と情報が蓄積される。

　集まった体脂肪率、血圧、歩数といった個々の情報はただの数字だ。ところがそれらを組み合わせると価値が生まれる。たとえば、体脂肪と歩数のデータを組み合わせて、さらに時系列で比較すると運動と脂肪燃焼の関係がわかり、ダイエットに取り組むための大きな方針がみえてくる。さらに栄養管理や運動の専門家の知見が組み合わさると、効果的なダイエットの実行という価値も生み出される。価値が高まれば、それだけ顧客が支払ってくれる対価も大きくなる。つまり収益を生み出しやすいビジネスモデルとなるということである。

Column11 - 2

アンゾフの成長マトリックス

　企業はライバル企業との競争に勝ち残れば、必ず生き残れるのかといえばそうではない。たとえ競争に勝ってその市場を独占したとしても、その市場そのものがなくなってしまえば企業は滅んでしまう。そこで必要となるのが成長戦略という考え方である。企業が成長していくためには、競争とはまた違う視点で戦略を考えなくてはならない。この成長戦略を考える枠組みとして古くから使われているのがアンゾフの成長マトリックスだ。アンゾフは企業が成長していく方向を製品と市場2つの視点から整理する。市場は顧客と理解してもよい。まず既存の製品と市場の中で成長を目指すのが市場浸透戦略だ。今の顧客に今の製品をもっとたくさん買ってもらうことで成長をしようとする。

　次に製品は今のままだが新しい顧客を探すのが市場開拓戦略だ。日本の伝統食品であるしょう油を海外でも販売していくのがこれにあたる。

　3つめは今の顧客に新しい製品を販売する方法で、製品開発戦略と呼ばれている。先ほどのしょう油で考えれば、しょう油だけでなくしょう油を使ったドレッシングも開発して販売する手法である。最後は新しい顧客に対して、新しい製品を販売する方法であり多角化戦略と呼ばれる。例えば造船企業が旅行の予約サイトの運営を始めるようなものである。タニタの例でもみてきたように、一般的には製品と市場、少なくともどちらか一方には軸足を残した形で成長戦略を描くことべきである。そのほうが既存の経営資源との相乗効果が得られやすいからだ。

	既存製品	新製品
既存市場	市場浸透	製品開発
新市場	市場開拓	多角化

参考文献：イゴール・アンゾフ（1957）(Ansoff, H. Igor. "Strategies for diversification." Harvard business review 35 (5), pp. 113-124, 1957)

4 おわりに

　タニタは「売り切り型」から「プラットフォーム型」へと、ビジネスモデルの転換を図っているものの、依然として収益の大半は製品の販売収益であり、新しい収益機会の確保という目的はまだ道半ばである。新しいビジネスモデルの開発は製品開発と同じく、一朝一夕に進むものではない。なぜなら、新しいビジネスモデルの開発には、これまでのビジネスモデルで用いていた多くの事柄を変化させなくてはならないからだ。

　たとえば、事業コンセプトの変化である。タニタはビジネスモデルの変化に合わせて、自社の事業コンセプトを変えてきた。当初は「体重をはかる」「健康をはかる」を掲げ、製品を売ることで収益をあげるビジネスモデルの姿勢を明確にしていた。しかしプラットフォームからの収益を考えるようになると、事業コンセプトを「健康をつくる」に変更する。「健康をはかる」から「健康をつくる」。言葉はわずか2文字しか違わないが、この変化により同社の目指す「モノ」と「コト」の連携がより明確になっている。

　事業コンセプトが変化すると、つぎにマーケティング活動も変化させなくてはならない。たとえば製品開発である。「健康をはかる」時代では、自社製品の価値や機能を高めるだけでよかった。しかし「健康をつくる」時代になると、他社製品のユーザーも利用可能となるヘルスプラネットのようなサービス開発も必要になる。そのとき、身体データの計測と登録がスムーズになる製品が設計されれば、タニタ製品の指名買いにつながり、「モノ」と「コト」の相乗効果が生まれる。

　収益と直結する価格も当然変化しなくてならない。差別化が難しくなった「モノ」からではなく、「コト」の部分から利益を得る価格設定が求められる。たとえば、からだカルテでは使用する機器をタニタが貸与し、2年間サービスを継続すれば機器を会員に無償で譲渡する形式にしている。プロモーションやチャネルも異なってくる。これまでのような不特定多数に向けたものではなく、自社製品のユーザーとの密接なコミュニケーション活動が求められる。

　さらに顧客の視点に立てば、消費者とのつながり方もB to C型である必要はないかもしれない。計測機器と健康管理プログラムをセットにしたサービスになると、どうしても初期コストが高額になってしまうからだ。そこでタニタはこれまで蓄積

【図11-2　タニタ健康プログラム】

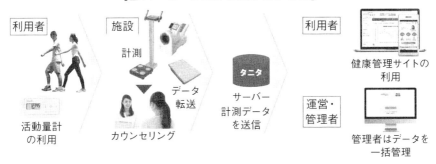

出所：株式会社タニタ

したデータやノウハウをもとに、B to B型のビジネス「タニタ健康プログラム」への転換も進めている。企業や自治体の健康増進施策の中にこのサービスを組み込むことで、利用者は少ない負担で健康の増進を、企業や自治体は従業員や住民の健康増進による医療費の削減を、そしてタニタは収益をという、皆が利益を得られる仕組みを構築しようとしている。

　このように新しいビジネスモデルの開発は、これまで行ってきたマーケティングを大きく見直さなくてはならないことも多いので、そう簡単なことではない。さらに製品開発のようにわかりやすく、派手な活動でもない。しかし、これからはますますヒット商品が生まれにくい時代になってくるため、タニタのような製品を売り切るだけのビジネスモデルから、売った後にも利益を得られる新しいビジネスモデルへの取り組みが重要となるのである。

第11章

? 考えてみよう

1．ヒット商品を出しながら、最近はあまり業績がよくない企業をひとつ取り上げ、その原因を調べてみよう

2．何かひとつ、製品とサービスをうまく組み合わせたビジネスモデルの例をあげてみよう。

3．ビジネスモデルを考えるとき、消費者向け（B to C）と企業向け（B to B）で異なる点は何か考えてみよう。

参考文献

谷田大輔『タニタはこうして世界一になった』講談社、2013年

❖ Ⅲ．関係のマネジメント

加護野忠男、井上達彦『事業システム戦略』有斐閣、2004年

次に読んで欲しい本 ─────────────────────────────●
加護野忠男、山田幸三『日本のビジネスシステム』有斐閣、2016年
アレックス・モザド、ニクラス・L・ジョンソン（藤原朝子訳）『プラットフォー
　ム革命』英治出版、2018年

顧客理解のマネジメント

第12章

1 はじめに

　たとえば、皆さんがゼミやクラブ、サークルといった大人数のグループで旅行をする場合、どういった手段で行き先を決定するだろうか？　アンケートをとって得票数の1番多い行き先にすることが最適であると考える人は少なくないだろう。同じように、企業が顧客のニーズや意見を収集し顧客を理解するための手段はアンケートであると思っているかもしれない。というのも、実際に企業から商品に関するアンケートへの回答をメールや店舗従業員から依頼される機会は少なくないからである。

　しかし、企業が顧客理解を行う手段は実に多様である。たとえば、株式会社ZOZOは、自社ファッション通販サイト「ZOZOTOWN」におけるスーツ販売「ZOZOSUIT」においてスマートフォンで計測した体型データをもとに、顧客自身が把握していない着心地のよいスーツをオンラインで提供している。さらに、顧客自身は企業から商品を提案されてはじめてニーズを認識することもある。特にファッションのコーディネートは、多くのアイテムやブランド、カラーバリエーションなどから何を着るかを考えなければならず膨大な情報量が必要となるため、なかなか顧客自身がニーズを具体化することができない特徴を持つ。同社の子会社であるZOZOテクノロジーズは、Amazon AlexaのAI技術を利用しファッションに関するコーディネートをユーザーとの会話から提案することで、「実はこういう商品が欲しかった」といったような、顧客の潜在的ニーズを理解し充足させるための取り組みを行っている。

　この章では、自動車メーカーであるマツダのCXシリーズの事例を通じて、そうした企業の多岐にわたる顧客理解の手法とそれらの要点について学ぶ。

2 ファンとともに成長するマツダCXシリーズ

❖ マツダの企業概要

　マツダは広島市の東隣、府中町に本社を構える自動車メーカーで、1960年に同社初の四輪乗用車を発売して以降国内外で事業を拡大し、特に欧州やオセアニア地域での評価が高い。2018年の1年間で、国内の乗用車新車販売におけるシェアにして約4％に過ぎないが、自動車教習所において新規採用される教習車では20％以上であり、特に大学生は人生で初めて運転する可能性の高い自動車メーカーである。また、同社は地元のプロ野球球団である広島東洋カープや、Ｊリーグサッカーチームのサンフレッチェ広島に出資している企業としても知られている。

　自動車メーカーの経営は簡単なことではない。エンジンの低燃費化や電動化、自動運転の導入といった新技術導入の必要性もあれば、変化する顧客ニーズや競合他社への対応への必要性もある。そのため、強力な経営資源を持たない企業が継続的に安定した業績を実現するのは容易なことではない。マツダは1970年代のオイルショック、80年代後半から90年代初頭のバブル景気時における拡大戦略の失敗、そして2000年代後半にはリーマン・ショックとそれによる円高の影響を受けて業績が悪化するなど、幾度となく困難を経験した。

❖ マツダの次世代商品群におけるCXシリーズの展開

　マツダが2000年代後半に陥った業績不振時に打ち出した代表的な起死回生策の1つが、新世代技術を総称する"スカイアクティブ・テクノロジー"である。これは「走る歓び」と「優れた環境・安全性能」の高次元での両立を目指すために、自動車を構成する要素を包括的かつ同時に刷新することで、車両全体の最適化を図るものである。2012（平成24）年に、このスカイアクティブ・テクノロジーを全面的に採用した第1弾の商品としてCX-5が発売された。CX-5はそれまでマツダが大苦戦していたSUV（多目的スポーツ車）市場において成功を収め同社の主力車種になるとともに（**写真12-1**）、その後小型のCX-3、3列シートのCX-8に代

【写真12－1　マツダCX-5（2016年に全面改良された2代目）】

写真提供：マツダ株式会社

表される"CX"を車名に冠する同社のSUVラインナップが次々に投入された。

❖ 少数のファンに寄り添う

　かつてマツダは、商品力や販売力の弱い中で売上を確保するために多くの車種で大幅な値引き販売を行っており、それが結果としてマツダ車は安かろう悪かろうという負のイメージが付きまとってしまった。そこでマツダはCX-5をはじめとするCXシリーズの開発に乗り出すにあたり、ブランド価値の向上に取り組んだ。

　車作りにおいてブランドを重視した結果、マツダは商品開発においてこれまでとは違った形で顧客ニーズを探ることとなった。商品開発にあたり試作段階の実車であるプロトタイプを少数のターゲット顧客に見せて意見を聴く「クリニック」や大規模なアンケート調査をあえて廃止した。というのも、開発段階で車種ごとに顧客から要望を聴きデザインや仕様を変更すると、車種ごとの統一感が失われブランドの一貫性が損なわれてしまうことになるし、顧客は本当に欲しいと思うものを的確に表現できるとは限らず、さらにニーズは商品発売時に変わってしまうおそれもある。また、マツダは自動車市場におけるニッチャー企業であり、リーダー企業に比べ顧客が重視するクルマの属性が明確で万人受けをするクルマ作りを行うのは妥当ではない。

　そこでマツダは、ごく少数の熱心なファンに寄り添い商品開発を行うこととなった。予めブランドや商品コンセプトをもとにターゲットを絞り込み、その中でも特にマツダが大事にしたいと思う顧客を選び出してその人たちの自宅まで赴き、クル

マに対する考えだけではなく人生経験や価値観、消費傾向に関する仔細なインタビューや観察を通じて理解することに努めた。そして、インタビュー内容はストーリー化されたビデオとして商品開発に携わる社内の人々の間で共有され、インタビューを受けた人たちのようなファンが欲しいと思えるようなクルマ作りを行う。マツダはファンであり続けてくれる人たちに、会社として広くどういった手助けができるかを常に考えており、そのためにはそういったファンの「人となり」を知ることが重要であるという。

❖ 無意識行動の分析

　クルマの開発のための顧客情報には、アンケートやインタビュー調査でわからないことが多い。ドライバーの運転動作の多くは主に無意識下で決定され、さらに運転席レイアウトはエンジンや変速機、タイヤの位置などによって制約を受けるため、理想的な運転姿勢をドライバーにとらせることができる車は非常に少なく、顧客から運転姿勢に関する要望が寄せられることは皆無であった。一方でマツダは主力市場の1つであるヨーロッパでさまざまな体格のドライバーに適応するための座席調整機構を備えており、日本においても理想的な運転姿勢に対するニーズがあると考えていた。

【写真12‐2　分析により導き出された理想的な運転姿勢】

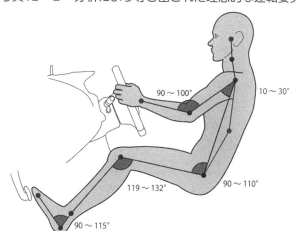

写真提供：マツダ株式会社

第12章

```
Column12 - 1
```

ニューロマーケティング

　マツダはドライバーの日々の運転動作や乗降における行動を、測定機器を用いることによって明らかにし、クルマ作りに活かした。こうした人の無意識における領域を分析し、マーケティング行動へとつなげていくための新たなマーケティング・リサーチの手法の１つに、ニューロマーケティングがある。ここでの「ニューロ」とは神経を意味し、脳科学における知識を活用し脳波などの神経活動反応を測定することにより、消費者の本音を探ろうとするものである。

　ニューロマーケティングで用いられる手法をいくつか紹介しよう。アイ・トラッキング（視線計測）は、専用のゴーグルや録画機器を被験者に装着してもらい、人の視覚データを収集する手法である。視線の順序や注視時間の長さを計測することで、Webサイトのデザインや小売店舗における商品陳列に活かすことができる。表情認識は顔の筋肉の動きをカメラで測定し、人が抱いている感情を分類するもので、CMなどのプロモーション動画のどのシーンで表情や感情が動いたのかがわかり、広告効果を測定することに役立てることができる。fMRI（機能的核磁気共鳴画像法）は、病院で人体のさまざまな断面を撮像する検査で用いられるMRI装置を用いて脳の機能活動がどの部位で起きたかを画像化する方法である。広告や製品のパッケージ、味覚といった刺激を被験者に与え、それによってどういった反応があったかをfMRIを用いて測定することで、人の感情や態度、選択が客観的に検証できるとして注目されている。

　こうした最新の手法を用いることで明らかとなったり検証できることもあるが、既存の手法より妥当性が高いかどうかについてはまだ議論が分かれている。そして、特別な測定機器を使用したり取り扱うことのできる人間がまだまだ限られていることから、１回あたりの調査費用が高額になるという課題を抱えている。

　そこでマツダは大学や研究機関と連携し、実車を模したドライビングポジションテスターという運転中のドライバーの動きや使用している筋力などを測定する機器を用いて分析した結果、さまざまな体格のドライバーが安全に、疲労が少なく運転することを可能にする姿勢が明らかとなった（**写真12 - 2**）。

　これにより実現した適切な運転席レイアウトと運転姿勢については、販売店における接客やマツダが主催するイベントなどの機会で知り、その重要性をはじめて認識する顧客が多いという。

❖❖ 顧客の要望とニーズ

　商品が販売されてからの改良段階になると、ここでマツダは顧客からウェブサイトや販売店、ユーザーへのアンケート調査などから得られた要望を丁寧にリスト化し、顧客のニーズに応える改良を行うなど、商品開発時とは異なる方針や手法を用いた。

　ただし、顧客の声として得られる要望は必ずしもニーズを的確に反映しているものとは限らない。仮に、顧客から「もっとパワーのあるエンジンを載せてほしい」という要望があったとしよう。だがそのニーズがクルマの加速力不足に原因するものだったとすると、顧客の要望に従い高出力なエンジンを搭載するよりも、変速機のセッティングを加速重視にしたりエンジンの制御を精密化するほうが適切かもしれない。そのため、マツダは単に顧客から寄せられた要望を多いものから順番に応えていくわけではなく、「なぜそういった要望が寄せられたか」を分析・考察し、改善点を見出している。

❖❖ マーケティング大賞に輝く

　マツダのCXシリーズはCX-5が発売された2012年に比べ2018年には２倍以上の販売台数を記録するとともに（**図12-1**）、2017年に発売されたCX-8ではそれまで、防衛率（マツダ車からの乗換え顧客が、再びマツダ車を選ぶ割合）の低さに苦しんでいたマツダだったが、CXシリーズを含む新しい商品群により、防衛率は50％以上に改善してきている。停滞していた国内自動車市場の活性化に貢献したことや開発部門から販売部門までマーケティング視点でつなげたことなどが高く評価され、日本マーケティング協会が主催する「第8回　日本マーケティング大賞」において大賞を受賞するなどの成功を収めた。

第12章

【図12－1　年度別マツダCXシリーズの販売台数推移】

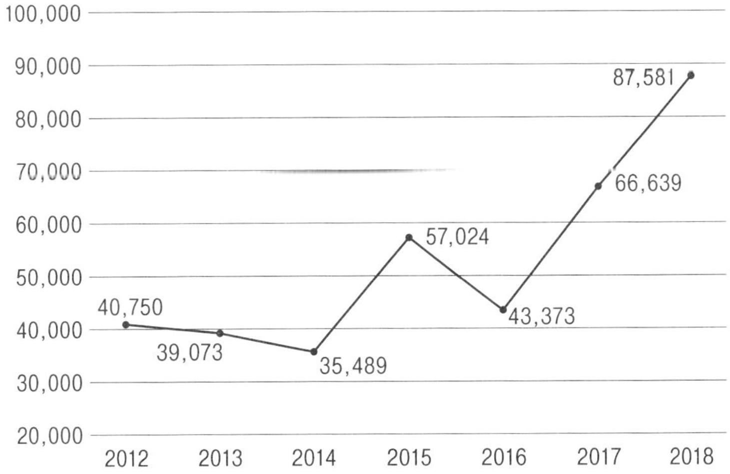

出所：筆者作成

3 顧客を理解するということ

❖ 顧客との対話

　企業のマーケティング行動はすべてが、ある意味において顧客の対話だということができる。顧客を理解し商品開発を行うことは、単に顧客から具体的な要望を聴いてそれに従うだけではないことは、マツダのCXシリーズの事例からわかる。顧客が本当に心から欲しいと思っているものを具現化したり、未来を予測して答えることは難しい。そうした潜在化するニーズを明らかにするために、たとえばインタビューにおいては相手の反応をうかがいながら発話の内容を上手に調整し、顧客の核心に迫っていくことが必要となるし、相手が話していることを鵜呑みにせずどういったことが背後にあるのかを洞察することも欠かすことはできない。顧客を理解するというのは、こういったことの繰り返しなのだ。

❖ ２次データの活用

　顧客を理解するために情報を収集する前に確かめなければならないのは、必要な情報をすでに誰かが集めてくれているかどうかである。たとえば、市場規模を推定したいのであれば、外部の民間調査機関がそのような情報を提供してくれるかもしれない。マクロ的な社会動向については、政府などが行っている各種調査の中にヒントが隠されているはずである。そのほかにも、自社で過去に実施した調査データを再利用できる可能性もある。

　このような他の目的のために収集されたデータのことを２次データと呼ぶ。２次データには、企業の内部に蓄積されたものもあれば、企業の外部に存在するものもある。これらはコストと時間の両面で経済的であり、ぜひ有効に活用したいデータである。もちろん、２次データにも欠点がある。現在の問題にあわせて収集したデータではないため、問題に対してきちんとフィットするとは限らない点である。

❖ マーケティング・リサーチ

　活用できそうな２次データが見つからなかったり、さらに具体的で現実に即した１次データを入手したい時には、マーケティング・リサーチと呼ばれる、マーケティング行動に必要となる顧客情報・市場情報を収集していく作業が必要になる。

　CXシリーズの開発や改良を通じて、マツダが数多くのマーケティング・リサーチを行ってきたことは、すでに述べたとおりである。開発時には、少数のファンに密着し仔細にインタビューを実施することで、顧客のクルマに対する情報だけではなくファンの人たちの人となりを理解するとともに顧客から拾い上げることが難しい潜在的ニーズは測定機器を用いて人の動きを分析した。そして発売後の改良段階になると、アンケート調査を中心として寄せられた不満点や要望をピックアップして商品力の向上に役立てた。

　顧客や市場を理解するための方法、すなわちマーケティング・リサーチの方法は実にさまざまである。集めるデータの性質により、定性的調査と定量的調査とに分けて考えることができる。商品開発における実際のマーケティング・リサーチは、定性的調査と定量的調査を使い分けることが多い。マツダの場合も、たった１つの方法だけで調査をしていたわけではなかった。それぞれの段階や局面で、適した方

第12章

175

【表12 - 1　定性的調査と定量的調査】

	定性的調査	定量的調査
調査できる項目数	多い	少ない
調査できる事例数	少ない	多い
一般性・網羅性・客観性	低い	高い
複雑性への対処	容易	困難
親和性の高い代表的な手法	インタビュー 観察	アンケート 売上分析

出所：栗木 2007をもとに筆者作成

法を使い分けているのである（**表12 - 1**）。以下では、マーケティング・リサーチのさまざまな方法について、その概略を説明していくことにしよう。

❖ 定性的調査

　定性的調査の代表的な方法として、その分野の専門家に意見を求める専門家調査、少人数のグループで特定のテーマについて議論してもらうフォーカス・グループ・インタビュー（焦点集団面接）、何名かの人に長時間の面接をすることで表面にはなかなか出てこない動機を探っていくデプス・インタビュー（深層面接）などがある。

　１次データの収集方法にもいろいろある。コミュニケーションをとりながらデータを集める場合もあれば、観察によってデータを集める場合もある。繁華街で通行人のファッションを眺めていると、そのシーズンの流行がおおよそわかったりするように、調査対象をただ観察することによっても実にたくさんの情報を得ることができる。たとえば、スーパーマーケットの店頭で来店客の行動を観察し、店舗内での動線や、それぞれの棚の前での滞留時間、手にとった商品数などを記録していったりする。これをバスケット分析といって、買い物かごの中身を調べていく場合もある。多くの家電量販店やスーパーマーケットのような小売店では、電子式のポイントカードを導入している。ポイントを発行することで顧客の囲い込みを狙うわけだが、顧客の基本的なプロフィールを追加したかたちで購買履歴が記録できるということも見逃せない点である。先ほどのバスケット分析を組み合わせることによって、質・量ともに豊富な顧客の行動データが入手できる。

Column12 - 2

情報の粘着性

　製品の技術やノウハウ、顧客ニーズといったマーケティングにおいて重要となるさまざまな情報は、部署から部署へ、人から人へとスムーズに伝わる（移転する）ことが難しい場合がある。たとえば、「めし炊き３年、握り８年」といわれていたように、江戸前寿司の職人は下働きの時期から親方や先輩の技を少しずつ盗んで覚え、長い年月をかけてようやく一流となるものである。これはシャリ切りといわれる酢飯の作り方や寿司の握り方に言語化・マニュアル化して伝えることが難しい微妙な所作が必要となることが大きく影響している。

　イノベーション研究の第一人者であるエリック・フォン・ヒッペル氏はそうした移転が容易ではない情報の特性を「情報の粘着性」として概念化し、情報の粘着性の決定要因として下記の３つがあることを主張した。

情報の性質…情報が明確化できる程度、情報の複雑さの程度、情報のシステム依存度
情報の受け手と送り手の属性…送り手の信頼性、受け手の能力、コミュニケーションの頻度と経路
情報の移転過程…情報量、情報の記録媒体、情報の観察可能度

　企業が商品やサービスを開発するにあたって必要となる技術情報や顧客ニーズ情報はそうした粘着性を有することがあり、移転のために多大なコストを必要とする場合がある。特に、顧客ニーズ情報の粘着性が高い場合は企業が単独で価値のある商品やサービスを生み出すことが難しくなることから、顧客との協業によって技術面・顧客ニーズ面の課題解決を行ったり、顧客が価値創造の担い手となるユーザー・イノベーションをうまく企業が活用することが重要となる。

第12章

　コミュニケーションのとり方にも、面接によるもの、電話によるもの、郵送によるものなどがあり、これらを組み合わせて用いることもある。

❖ 定量的調査

　一方の定量的調査は、比較的多数の回答者の意見を何らかの数値として集約し、その後の判断に生かしていくことを目指した調査である。マーケティング・リサー

チという言葉を聞いたとき、いわゆるアンケート調査を頭に思い浮かべる人はきっとたくさんいるはずである。集計結果を出すことを前提とするのならば、そうしたアンケートは、定量的調査の一例だということができる・また、アンケート調査などによる現状の把握だけではなく、店舗の一部を用いたりして実験を行うこともある。

　以前は紙媒体でデータを収集することが多かったが、インターネット調査はすっかり一般的になった手法である。多くの調査会社はあらかじめモニター（会員）として回答者の候補を集めておき、調査が必要になった時点で適切なモニターを選んで回答を依頼するのである。精度の面で課題は残っているものの、わずか数日という短期間でデータ収集を完了できる圧倒的なスピードで、企業が利用する機会が増えている。さらに、最近は多数の利用者からコンピューターの利用状況や通信情報、GPS位置情報といった膨大なデータであるビッグデータを分析し、企業のマーケティング行動に生かす取り組みも増えている。

4　顧客理解のマネジメント

　情報技術の飛躍的な発達によって、企業にそのつもりがありさえすれば、膨大な量の顧客の行動データが比較的容易に入手できるようになってきた。しかし、データはそれだけでは意味を持たない。ここまでデータの量が膨大になってくると、データの山に押しつぶされないようにするだけで大変である。無意味なものと有意味なものを峻別し、いかにマネジメントに生かしていくか。この点が大きな課題となってくる。

❖ ストーリーを用意して行動する

　コンビニエンス・ストアやスーパーマーケットの経営では、地域で何かイベントが開催されるような場合に、普段よりもはるかにたくさんの弁当類を店頭に並べておくことがある。そのイベントに集まった多くの人々が弁当類を購入することを予想し、売りそびれによる損失（機会損失）が発生しないよう対応策を講じるからである。

　つまり、イベントがあるということを出発点に、予想の連鎖によるストーリーを

考えるのである。たくさんの住民や来訪者がイベントに参加する → 弁当類の販売が増加する → 機会損失の生じる危険性が高まる、といった具合にである。そして結果として、どのくらいまで店頭在庫を増やしておく必要があるのか。このような、いくつもの予想がつながったストーリーである。

　あらかじめストーリーやシナリオを用意して行動することは、マネージャーにとって、意思決定を効果的にするために不可欠なことである。こうしたストーリーは予想の集まりであり、仮説でもある。仮説を立てるために、あるいは仮説を検証するために、求められてくるものが適切な情報の利用である。

❖ 知識と知恵

　意思決定を進めていくとき、その結果がどうなるかはもちろん大事なことであるが、意思決定に至るまでのプロセスを管理することも同じように重要である。意思決定の質を高めていくためには、意思決定の材料となる情報を利用するプロセスこそ、きちんと管理していく必要があるのである。

　市場からの声に耳を傾けることが競争優位につながることを説いたヴィンセント・バラッバとジェラルド・ザルトマンによると、顧客理解から意思決定へと至るプロセスで重要なものは知識と知恵だと主張する。意思決定のための実行可能な選択肢を、用意された情報をもとに見つけ出していくために必要なのが知識である。そして、導き出された選択肢の中からもっとも優れたものを選び出すために必要なものが知恵なのである。

❖ 仮説と検証の繰り返し

第12章

　顧客を理解し、マーケティング志向の経営を実現するためには、マーケティング・リサーチは欠かせない作業である。しかし、ただ漫然と調査を行っているようでは、何の役にも立たないデータを量産するだけであり、データの巨大な山に押しつぶされてしまうのが落ちである。アンケート調査ひとつをとっても、決して簡単なことではない。関係ない質問が含まれていれば、回答者の負担を増やしてデータの質を落とすことにつながるし、事前の準備が不十分であれば、必要な質問をし忘れてしまうことも起こりがちになる。

　意味のある情報を得るために必要なことは、何も考えずに調査を始めてしまうこ

とではなく、まずは自分自身でしっかりと問題を考えてみることである。そしてその問題に対する自分なりの回答や予想を、仮説として表現してみることである。その仮説を調査や売上データなどによって検証することにより、たとえ検証結果が仮説通りであってもそうでなくても、知識を蓄積することにつながるのである。そのことが、次の仮説設定へと結びつき、効果的な行動に向けて有意味な情報をまとめていくのである。

　もう一度、マツダのCXシリーズの事例を振り返ってみよう。そこでは決して根拠のない行動はとられていない。何らかの仮説を立てて調査をし、検証結果をもとに意思決定が行われる。そこでまた次の問題が生じると、あらためて仮説と検証を繰り返す。このように、仮説と検証を繰り返すことこそが、知識と知恵を涵養し、顧客理解と的確なマーケティング行動へと導いてくれる鍵なのである。

5 おわりに

　マーケティング志向の経営に顧客理解は欠かすことができない。顧客理解のための情報収集の作業はマーケティング・リサーチと呼ばれるが、その方法はさまざまであり、その時点での問題にあわせて使い分けていく必要がある。

　ここで最大の課題となるのは、どのようにして意味のある情報に到達するかである。単にデータを集めればよいのではない。欲しいのは、効果的な行動へと結びつく有意味な情報である。そのためには、顧客理解と意思決定のプロセスを適切にマネジメントしていく必要がある。鍵となるのは、知識と知恵を得るために、仮説と検証を繰り返していく姿勢である。

？考えてみよう

1. あなたの好きな商品を1つ取り上げて、その商品の改善点をグループにアンケートを取りまとめるのと、インタビューを通じて意見を聴くのとでは、得られるデータにどういった違いがあるだろうか。比較して違いをまとめてみよう。

2. あなたの身近にある商品の中に、徹底した顧客理解をもとに開発されたと思われる商品はないだろうか。どのような商品がそれにあてはまるか考えてみよう。

3. その商品が顧客をよく理解していると実感できるのは、いったいどの部分だろうか。どのような顧客理解がなされていて、どのように商品開発につなげられて

いったのかを考えてみよう。

参考文献

ヴィンセント・バラッパ、ジェラルド・ザルトマン（小林住彦、林 真理訳）『ハー
　バードで教えるマーケティング戦略―市場情報の有効活用』生産性出版、1992年。
ラッセル・ベルク他『消費者理解のための定性的マーケティング・リサーチ』（松
　井剛訳）碩学舎、2016年。
栗木 契「構築主義の視角によるマーケティング・リサーチ再考（前編）―マーケ
　ティングにおける質的リサーチの有効性―」『流通研究』10(1/2)、2007年。
前田育男『デザインが日本を変える〜日本人の美意識を取り戻す〜』光文社新書、
　2018年。
エリック・フォン・ヒッペル『民主化するイノベーションの時代』（サイコム・イ
　ンターナショナル訳）ファーストプレス、2005年。

次に読んで欲しい本

パコ・アンダーヒル『なぜこの店で買ってしまうのか―ショッピングの科学』（鈴
　木主税他訳）ハヤカワ・ノンフィクション文庫、2014年。
石井淳蔵『寄り添う力：マーケティングをプラグマティズムの視点から』、碩学舎、
　2014年。
ルディー和子『マーケティングは消費者に勝てるか？』ダイヤモンド社、2005年。

第12章

第1章
第2章
第3章
第4章
第5章
第6章
第7章
第8章
第9章
第10章
第11章
第12章
第13章
第14章
第15章

第 13章

ブランド構築の
マネジメント

1 はじめに

　日本人の多くが経験するであろう重要なイベントの一つに受験がある。今や小学生でさえ「お受験」が当たり前になっている。受験は実際に試験を受ける当人はもとより、家族や周囲の人々を大きく巻き込む一大イベントである。

　受験に成功するためには当人の勉強が欠かせない。だから塾や予備校といった新しいビジネスが生まれる。タブレットやスマホを用いた新しい教育方法も次々に生まれている。一方で、どれだけ懸命に勉強したとしても、やはり不安はつきまとう。このときには、周囲の温かい応援が必要になるであろうし、いわゆる神頼みをしたくもなる。

　1990年代後半から、受験生たちの間で受験のお守りとして流行ったものがある。それは、普通のお守りの類ではない。ネスレ（当時はネスレコンフェクショナリー）のチョコ菓子「キットカット」である。キットカット＝「きっと勝つと」、いわゆる駄洒落だが、これが受験生たちの心に広く受け入れられたのだ。受験会場にはキットカットを持参する受験生が増えたのだという。以降、げんかつぎのお菓子が数多く市場に出回ることになった。

　そこには、ネスレによる優れたブランド構築のマネジメントをみることができる。

【写真13−1　キットカット】

写真提供：ネスレ

ネスレは、キットカットというブランド＝名前を手掛かりにマーケティング活動を考え直し、そして「お守り菓子」市場とでもいうべき新たな市場を創造していったのである。本章では、キットカットの事例を振り返りながら、ブランド構築のマネジメントについて考えていくことにしたい。

2　グローバルブランドとしての「キットカット」

❖「キットカット」という商品

　「キットカット」は、グローバル企業として知られるネスレのブランドである。ネスレというと、日本ではコーヒーのメーカーというイメージが強いが、そのブランド展開は実に多岐にわたる。コーヒーはもちろん「ネスカフェ」、ブイヨンは「マギー」、ミネラルウォーターは「ペリエ」、さらにはペットフードでは「フリスキー」と、いずれも世界的に有名なブランドを持っている。

　キットカットの特徴は、世界各国共通の形で管理するためにネスレが重視しているという次の4点にある。第1に、チョコレートの中にウエハースが入っているという物理的な形状、第2に、ネスレやキットカットという文字を見なくとも「キットカット」を認識させることのできる楕円形のロゴがある。これらは、いずれもキットカットという商品の認知度に関わっている。そして第3に、キットカットを実際に割ったときに鳴る「パキッ」という音、第4として、「Have a break, have a KITKAT」というブランド・スローガンの存在がある。第3の音は社内でも「ritual（儀式）」と呼ばれ重視され、消費者コミュニケーションの素材だと考えられている。そして第4のブランド・スローガンは、イギリス人独特の「センス・オブ・ユーモア」を意味するのだという。

　1970年代から1980年代にかけて、キットカットは当時ライセンス契約をしていた不二家の下で、日本への着実な導入が進められてきた。当初は「チョコとウエハースの名コンビ」という商品特性を捉えた広告活動を行い、やがて「Have a break, have a KITKAT」という、よりキットカットのブランド・イメージに結びついた展開へ移行した。その後も継続的に広告活動を行い、2000年に入るころには、キットカットの存在はほとんど100％の認知度を得るまでになっていた。

第13章

　消費者の立場からみると、キットカットはよく知られている商品であり、しかも価格が安いという点で魅力があった。なかでも、ミニサイズでお得な袋詰めが人気の中心だった。細かく調査をしてみると、キットカットは高校生ぐらいの子供たちを相手に、母親が家に買い置きする商品だということもわかった。

　とはいえ一方で、それは逆にいうと、キットカットを実際に食べる子供たちにとってはノーエキサイトメントな商品でもあった。認知度は高いが値段の安い商品であり、他に優れた商品が登場した時、差別化して生き残っていけるのかどうか、社内には危機意識が芽生え始めていた。折しも、キットカットブランドが不二家の手を離れ、ネスレの100%出資の子会社ネスレコンフェクショナリーに移る。そこで、「キットカットを売る」のではなく、「キットカット・ブレイクというブランドのコンセプト」、ないしは「ブランドのプロミス」を消費者に受け入れてもらうことを考え直すことになったのだった。

❖ ブランドの再定義

　ブランドを考え直すといっても、キットカットの商品特性はスイス本社によって細かく定められている。どの地域においても「Have a break, have a KITKAT」というスローガンのもと、「キットカット・ブレイク」を提供しなくてはならない。

　こうしたスローガンは、すでに日本でもよく知られるようになっていた。ところが一方で問題があった。それは、「Have a break, have a KITKAT」の意味を社内の関係メンバーに尋ねても、それほどはっきりした答えが返ってくるわけではなかったということである。つまり、スローガンそのものはよく知られるようになっていたものの、そのスローガンが意味する中身については、社内でさえはっきりとした一致がなかった。そこでネスレはさまざまな調査を行い、「ストレス・リリース」、つまり「ストレスから解放される一瞬」という日本流の意味を見出していく。

　ブランドの再定義に一つの結論が出たころ、九州の支店長から一つの連絡が入る。宮崎のあるスーパーから問い合わせがあったというのだ。「1月、2月はキットカットが非常によく売れる。お客さん何人かにその理由を聞いてみたところ、『きっと勝つとぉ（方言）』と願掛けて購入されている。ついては、このニーズに対応するために、ネスレとしてPOPでも作ってくれないか——」。

　これが「きっと勝つ」キャンペーンの発端となった。「きっと勝つ」という言葉と、再定義された「キットカット・ブレイク」とはうまく重なると考えられた。受

験という時期は、もっともストレスのたまる時期でもある。そのストレスは、受験
生はもちろんのこと、周囲の家族にも及ぶ。そうしたストレスの中で、ひとときの
解放感を提供することができるかもしれない。まさにそれは、キットカット・ブレ
イクの一つと考えられたのである。

　さらに調査を進めると、キットカットに対するこうしたニーズが全国各地にある
こともわかってきた。実はすでに、ネスレのお客様相談室にも、受験シーズンにな
ると同様のメッセージが寄せられていた。ある予備校の先生は、受験当日に生徒を
集めて結団式を行うのだが、そのときにキットカットを渡しているというケースも
あった。「Have a break, have a KITKAT」と言い続けてきた中で、消費者側で
いつの間にか新しい意味や価値が生まれていた。

　さっそく、新宿近辺のホテルでのサンプリング・キャンペーンが行われた。受験
シーズンになれば、受験生はホテルに滞在して受験会場に向かうことになるからだ。
「きっとサクラサク」というキャンペーンスローガンとともに、満開のサクラと
キットカットのロゴをキービジュアルとして絵葉書も作成された。そして、受験生
がホテルをチェックアウトし、受験会場へ向かうであろうその当日に、ホテル側か
ら絵葉書とキットカットを「頑張ってください」と一言添えてプレゼントしてもら
うことになった。受験生はもちろん、ホテルのスタッフからも大好評だったという。

3　ブランド構築のコミュニケーション

❖ パブリック・リレーションズ（PR）

　サンプリング・キャンペーンを通じて、いよいよブランドとしての方向性がはっ
きりとしてきた。中心に位置づけられることになったのはパブリック・リレーショ
ンズ（PR）である。PRとは、公共性を強調したコミュニケーション活動であり、
新聞や口コミなどの第三者を介して展開されることが多い。

　そもそも、ネスカフェやキットカットといったブランドは100％近い認知度が
ある。こうしたブランドにおいては、テレビCMを中心としたマス広告の影響力は
小さいという。さらにいえば、「きっと勝つ」は消費者側で見いだされた新しい価
値である。そうした価値を、ネスレが自身のものとしてアピールするべきではない

第13章

【写真13 - 2　鉄道会社とのコラボレーション】

写真提供：ネスレ

　と考えられた。

　例えば、2004年には、JRを中心とした鉄道会社を巻き込んでキャンペーン活動が実施される。当然受験生の多くは鉄道を使って通学している。そこで、「受験生をキットカットと一緒に応援しよう」というテーマで、業界を挙げてのキャンペーンを依頼した。すでにキットカットと受験の結びつきは鉄道会社にも認知されており、また実際にキヨスクの売上もあったため、鉄道会社との連携はうまく進んだ。これまで媒体として取り上げられにくかった電車を積極的にメディアとして捉えPRを行うため、車両の外も車両の中も、満開の桜とキットカットであしらった。

　電車の中には読み物としてのポスターを用意した。ポスターには、先にみたようなホテルのスタッフの思いや母親の思いなど、昨年からネスレに送られてきていた生の声を掲載した。

　2009年には、今度は日本郵政とともに「キットメール」を始めた。キットカットを受験生に渡す時、キットカットの箱に何か一言書くという人々がいたのである。そこでネスレは、キットカットの箱にメッセージを書く欄を用意するとともに、切手を貼ってそのまま郵送できるようにした。スーパーやコンビニではなく、全国の郵便局が新しい売り場となった。この一連の試みは国際的にも高い評価を得て、カンヌ国際広告祭「メディア部門」でグランプリを受賞した。

【写真13‐3　キットメール】

写真提供：ネスレ

❖ リレーションシップ・マーケティング

　PRに並行して試みられた新たなマーケティング活動もある。第1は、新商品の導入である。まず、「期間限定」の商品を発売した。この取組みは他社に先駆けた試みだった。すでに江崎グリコなどは半年・冬季限定を出すようになってはいたものの、2か月程度のより短いサイクルでの販売を行う企業はあまりなかった。社内においても、在庫引取りの問題が発生しやすいため、かなりの反対の声が上がった。しかし、実際に行ってみたところ、特に初めてストロベリーを出したときなどは生産が追いつかなかった。それだけ、希少価値の高いものにキットカットは成長していた。

　第2に、PRとも関連して新しいコミュニケーションを模索した。たとえば、ある高校の卒業式に、高校生に人気のミュージシャンを呼んできて、突然の「サプライズ・コンサート」を行う。当の高校生たちが喜ぶのはもちろんだが、これをネスレ側がテレビCMで宣伝して、ウェブサイト上で一部始終を見ることができるようにした。コンサート自体はネスレやキットカットと結びつかないかもしれないが、それがニュースとして伝播していけば1つのPRとなる。しかも、ネット上ならば何万、何十万の人々に広がる可能性もある。また、2011年には、東京大学の現役大学生がプロデュースした受験生を励ます応援スポットとして、原宿で「サクラサク受験生応援カフェ」が期間限定で開催された。これもまたニュースとして話題となった。

第13章

　最後に第3として、ネスレが重視してきたマーケティング活動としてリレーションシップ・マーケティング（関係性マーケティング）がある。当初より、インターネット上では、「Together Nestle」という「消費者との交流の場作り」のプロジェクトが進められ、近年ではツイッター上で受験生への応援メッセージを集めるなど様々な試みが行われている。焦点は、ネスレの諸ブランドのロイヤル・ユーザーをいかに取り込み、ロイヤルティ（忠誠心）を高めるのかにある。

　リレーションシップを構築するにあたっては、インターネットやソーシャルメディアの存在を欠かすことはできない。しかしインターネットやソーシャルメディアの効果を最大化するためには、テレビCMや街頭でのプロモーション活動を欠かすこともできない。これらのミックスされた状況の中で、よりよいリレーションシップがつくられていく。仮に、リレーションシップという考え方が消費者との「より深いコミュニケーションを図る」ことを意味するのであれば、先に述べた一連のPR戦略もまた、リレーションシップ・マーケティングの一環に含まれるといえるだろう。

4 ブランド構築の論理

❖ ブランドの機能

　こうして、キットカットのブランド構築は進められてきた。今やキットカットというブランドは、メーカーの資産であるとともに、消費者にとっても大事な資産となり始めている。かつてキットカットに応援された受験生にとっては、10年経とうと20年経とうと、キットカットは自分の過去と結びついた象徴でもある。

　本来的にブランドとは、「商品・サービスを特徴づけるために付与される名前やマークの総称」である。「名前」である以上、それ自体としては実を持たない。だから、ブランドは「見えざる資産」とも呼ばれる。ブランドに関する議論は、マーケティングの分野を中心に古くから存在していた。そして、消費社会の成熟化が進む中で、商品やサービスの技術的な差別化が困難になり、ブランドはいよいよ重要性を増してきた。

　ブランドには、大きく分けて3つの機能がある。それは、①保証機能、②識別機

能、③想起機能である。①保証機能とは、商品にブランドを付けることによって、その商品が誰によってつくられたかが明示され、責任の所在が保証されることをいう。②識別機能とは、ブランドの付与によって、他の商品との明確な区別が可能になることをいう。あるいは逆に、同一ブランドによって供給される商品は同質となる。この同質性については、農作物にブランドを付与した場合がわかりやすいだろう。商品そのものは少しずつ形が異なるはずだが、それらは同じもの、として理解される。

　ところで、①の保証機能や、②の識別機能は、ことさらブランドを強調せずともあたりまえの機能である。キットカットにしても、不二家によって販売されていた時代から既に、キットカットとして保証され、十分に他の商品と識別されてきた。

　現在、ブランドが資産として注目される背景には、③の想起機能への注目がある。③想起機能とは、ブランドの付与によって、商品を見る人に、ある種の知識や感情、あるいはイメージなどを思い起こさせることをいう。想起機能は、ブランド認知とブランド連想とに分かれる。そして、ブランド認知には、ブランド再認と、ブランド再生がある。例えば、ナイキのマークである「スウッシュ」をみて、そのマークを知っていると答える人の比率が高いのであれば、ナイキ・ブランドの再認率（知名度）は高いということになる。また、シューズといえば「ナイキ」を思い出すという人の比率が高いのであれば、ナイキ・ブランドの再生率が高いということになる。多くの人々に再生されるブランドは、購買時に思い出される可能性も高く、購買される確率も高まる。

　一方、ブランド連想は、そのブランドから、買い手が何らかの知識や感情やイメージを連想する効果を指す。例えば、「Apple」というブランドは、人々の心の

【図13-1　ブランドの機能】

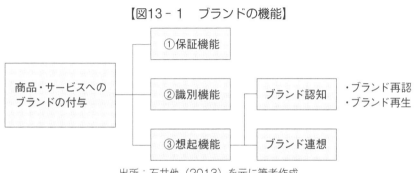

出所：石井他（2013）を元に筆者作成

なかで「iPhone」や「コンピュータ」、あるいは「創造性」や「デザイン」といった知識やイメージと結びついている。キットカットであれば、「きっと勝つ」や「お守り」、「受験」、「青春」といったイメージが連想されるのだろう。その具体的な感情やイメージは人それぞれ異なっており、言葉には表せないような体験も含まれる。

❖ ブランドの効果

　ブランドが有する3つの機能によって、ブランドは資産として大きな効果を持つことになる。その効果は、メーカー側にとってはもちろん、消費者側にとっても大きい。それぞれ確認していくことにしよう。

　メーカーにとっては、ブランド構築を通じて、集客効果とロイヤルティ効果を期待することができる。すなわち、優れたブランドは、提供するサービスにより多くの消費者を集めるとともに、消費者のロイヤルティを向上させ、持続的なサービスの提供を可能にする。

　また、ブランド構築を通じて、より効果的なプロモーション活動を行うことができるようになる。ブランドが広く認知され、その意味や特徴が知られているため、必要な情報を迅速かつ的確に消費者に届けられる。もちろん、その効果は消費者に対してだけではなく、他のメーカーや関係業者、さらには従業員を含む多数のステークホルダーに対して発揮される。

　こうしてブランドの効果が得られることで、さらに事業拡張の機会が生まれる。ライセンスの供与やブランドの下での新しい事業の創造を指摘しておくことができるだろう。キットカットがさまざまな新商品開発に着手できるようになったのも、キットカットがブランドとして大きな価値を有するようになったからに他ならない。

　一方で、消費者にとってもブランドの存在は大きい。第1に、ブランドが存在することで、彼らの情報処理に関わる時間が短縮される。コンビニでお菓子を買おうと思ったとき、消費者は自らの問題を解決してくれるであろう商品をひとつひとつ検討し、選択しなくてはならない。その情報処理には、当然時間も費用もかかる。だが、ブランドが存在しているのならば、ブランドを信頼することで簡単に意思決定ができる。

　第2に、ブランドの存在は、消費者の自己表現を媒体する役割を果たす。「エルメス」のバッグを所有することで、自らがそのバッグを所有するにふさわしい人物

Column13 - 1

想起集合

　消費者が何かを買おうとしたとき、頭の中にいくつかの具体的な商品が思い浮かべられる。この具体的な商品群のことを、想起集合と呼ぶ。平均的な人の場合、7つ程度がその限界だといわれている（「不思議な数7」：杉本徹雄編著『消費者理解のための心理学』福村出版、1997年、p.106）。

　当該商品が想起集合に含まれるかどうかということは、企業にとって大事な意味を持つ。というのは、想起集合に含まれない商品が選択される可能性はほとんどないからである。お茶を買おうと思ったとき、「おーいお茶」「伊右衛門」「生茶」が思い浮かんだとすれば、その消費者は、その中で比較して一番望ましい商品を選択しようとするだろう。このとき、想起集合に含まれなかった商品は、そもそも比較の対象とはならない。

　優れたブランドは、大きく2つの点で有利となる。第1に、優れたブランドは想起集合に含まれやすい。ブランド再生である。そしてもうひとつ、より重要な点として、優れたブランドは、想起集合の枠組みを自ら作り出すことができる。有用性の構築として本文でも説明しているが、たとえばスマホを買おうと考えて、「iPhone」を思い浮かべた場合、その特徴である「デザイン性」や「先端性」も一緒に思い出されることになる。しかし、「デザイン性」や「先端性」は、スマホにとっては必ずしも必須の属性というわけではない。むしろ、「音の良さ」や「バッテリー」の方が重要なはずだ。にもかかわらず、優れたブランドは自らに有利な特徴も一緒に思い出させることを通じて、想起集合の中で自身が選択される可能性を高めることができる。

であること示すことができる。当然、消費者の満足度は高まり、また自尊心も満たされる。

　最後に第3として、ブランドの存在は、消費者に対して有用性を構築する。先にブランドの機能としてあげたブランド連想がまさにこれである。消費者はブランドに対してさまざまな意味を付与し、ロイヤルティを高めることになる。さらに、一度高められた有用性は、消費者の判断基準として機能するようになる。キットカットをみて「お守り」としての有用性が認識されれば、ポッキーや板チョコと比較されることはなくなる。それだけ、選択されやすくなるわけである。

Column13－2

ブランド・アイデンティティと顧客ベースのブランド・エクイティ

　ブランドがブランドたる所以となるもの、それがブランド・アイデンティティである。ブランド・アイデンティティは、その商品が何であるのかを明示し、他にはない「何か」を主張することになる。そもそもアイデンティティとは「自己同一性」のことであり、自らを証明するための特徴や資質を意味している。

　ブランド・アイデンティティは、ブランド構築のマネジメントにおいて長期的ビジョンを示す。すなわち、企業にとってのブランドの目標や理想像であり、戦略上の指針として機能する。現在ブランドがどのようにイメージされているのかではなく、これから先、当該ブランドがどういう方向に進むべきなのかを決める。各企業は、明確なブランド・アイデンティティを設定する必要がある。

　しかし一方で、どれだけ明確なブランド・アイデンティティが設定されようとも、ブランドがブランドとして機能するためには、そのアイデンティティが顧客の側に理解されていなくてはならない。企業の思いと、顧客の思いは同じであるとは限らないのである。顧客の側のブランドに対する思い、これを顧客ベースのブランド・エクイティと呼ぶ。

　企業の指針としてのブランド・アイデンティティと、顧客の思いとしてのブランド・エクイティ、これらが相互に結び付けられることによって、ブランドの実際的な価値が生まれる。

❖ マネジメントの指針としてのブランド

　こうしてブランドは、メーカー側にとっても、消費者側にとっても、重要な価値を提供する。しかし、問題は、ブランドは実体を持たないということである。それゆえ、現在自身のブランドがいかなる価値を有し、どのように機能しているのかについての測定が重要になる。

　まず、他ブランドと比較することによって、自らのブランド・パワーを把握することができる。あるいは、同一の企業内であっても複数の商品・サービスが存在し、それぞれにブランドが付与されているのならば、これらを比較することでもブランド・パワーを捉えることができる。そしてなによりも、ブランドは長期的な資産で

【図13‐2　ブランド・パワーの評価】

出所：筆者作成

ある以上、同一ブランドの過去と現在を比較することができる。

　さらに具体的には、ブランド・パワーは、これまで確認してきたブランドの機能を指標とする総合値として算定することができる。例えば、消費者がそのブランドの名前を聞いて思い出せるかどうか（再認率）は大事な指標となる。同様に、競合ブランドの中で一番に思い出してもらえるかどうか（再生率）も重要である。これらの指標は、消費者への質問票調査を通じて測定される。

　ブランド・パワーが算出されたのならば、これを用いてブランド・ポートフォリオを作ることができるようになり、有効な資源配分も可能になる。さらに、これらの指標はブランド・パワーを測定するための方法にとどまらない。それらは、投資の戦略上の方向性をも指示する。

　ブランド・パワーが前期に比べて落ちているとしよう。その原因が、再認率や再生率の下落にあるのならば、再認率や再生率を改善すべくコミュニケーションに投資すべきだろう。使用満足度の低下にあるなら、品質の改良に力を注ぐ必要がある。情緒度に問題があるなら、ブランドを新鮮にするために何か技術開発上の工夫が必要になる。要するに、ブランド・パワーの概念をもってブランドを測定するということは、マネジメントを可能にするのである。

第13章

5 おわりに

　最後に、ブランド構築には時間がかかることを指摘しておこう。それは、キットカットの長い歴史をみてもわかるとおり、ブランドが見えざる資産である以上当然のことである。新しい名前やマークを考えることは簡単だが、それだけでは、その

【図13‐3　ブランド・パワーの測定】

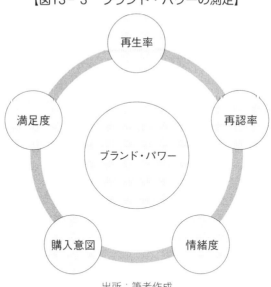

出所：筆者作成

中身が何もない。名前やマークに意味を蓄積し、ブランドとしての機能を期待できるようにするには、絶え間ないコミュニケーションが必要になる。

　ブランド構築とは、それゆえ商品を市場に投入してから始まり、時間を経るごとに重要になっていく。少しでもマネジメントを怠れば、ブランドはすぐに崩壊してしまう。しかもその崩壊に際しては、企業の存続に影響が出るかもしれない。広く認知され、高い消費者満足や情緒価値を見出されていたとしても、ひとたび問題が起これば、広く認知されているがゆえに悪評はただちに広がり、消費者満足や情緒価値を急激に低下させる。ブランド・マネジメントは、長期的で継続的な資産構築の手法として正しく理解されなくてはならない。

？考えてみよう

１．なぜブランドは大事なのか、ブランドの機能や効果について考えてみよう。

２．あなたの周りにあるブランドの連想イメージを考えてみよう。

３．ブランドの連想イメージと、企業によるコミュニケーション活動の関係について考えてみよう。

参考文献 ─────────────────────────────●

ケビン・ケラー（恩藏直人・亀井昭宏訳）『戦略的ブランド・マネジメント』（第3
　版）東急エージェンシー、2010年。

石井淳蔵、栗木 契、嶋口充輝、余田拓郎『ゼミナール　マーケティング入門』（第
　2版）日本経済新聞出版社、2013年。

嶋口充輝、石井淳蔵、黒岩健一郎、水越康介『マーケティング　優良企業の条件』
　日本経済新聞社、2008年。

次に読んで欲しい本 ─────────────────────●

石井淳蔵『ブランド　価値の創造』岩波新書、1999年。

田中 洋『ブランド戦略論』有斐閣、2017年。

デビッド・アーカー、エーリッヒ・ヨアヒムスターラー『ブランド・リーダーシッ
　プ』（阿久津 聡訳）ダイヤモンド社、2000年。

第13章

第 **14** 章

ブランド組織の
マネジメント

第14章

1 はじめに

　2019年４月１日午前11時42分、日本政府は新元号「令和」を発表した。その
１時間25分後の午後１時７分。東京のJR新橋駅前では、赤地に白字の「令和」の
文字が記載されたラベルの「コカ・コーラ」（以下、“令和ボトル”）が無償配布さ
れた。新橋駅前では、ほぼ同じ時間帯に、新聞社が新元号を伝える号外を配布して
いた。この様子をニュースとして配信するため、多くのテレビ局、新聞社が取材に
訪れていた。“令和ボトル”の配布を始めてから40分経過した午後２時３分、約
2,000本の配布が完了した。今回の新元号への移行は祝福の雰囲気の中で行われた。
新元号発表のタイミングで配布された“令和ボトル”は、まさに新しい時代に移行
する瞬間、そして日常生活の嬉しい瞬間に「コカ・コーラ」が存在する状況を創り
上げることにつながった。
　新元号発表という日本中が祝賀ムードに包まれる瞬間の配布は、人々に好意的に
受け取られることが期待された。その期待どおり“令和ボトル”を受け取った多く
の人々が自身のソーシャルメディアを使って発信する光景が目撃された。“令和ボ
トル”の配布は、マス・メディア、インターネットを通じて、歴史的な祝福のタイ
ミングに、「コカ・コーラ」が存在していることを広く社会に発信できたのである。
　新元号移行へのタイミングにおいて、多くの人々、マス・メディアが注目する
JR新橋駅前で、新元号を付した製品などを配布できるブランドは限られる。この

【写真14‐１　「コカ・コーラ」令和ボトルの号外広告】

出所：日本コカ・コーラ株式会社

状況に適するブランドでなければ、社会に受け入れられない。新元号告知の号外と一緒に写真を撮影する、SNSに投稿する行動もないだろう。むしろ人々には元号変更への便乗的な行動と受け止められる場合もある。「コカ・コーラ」は、従来から人々の日常の嬉しい場面には、「コカ・コーラ」がいつも側にある状況をつくるマーケティングを展開していた。そのため、新しい元号を伝える号外が配布される場での新元号ボトルの配布を、人々が好意的に受け止めてくれたと言える。

　組織的にブランドを資産として、長期継続的に維持、成長させていくためには、何が必要なのか。本章では、ブランドを成長させるための組織の仕組みについて、ブランド・ポジショニング、ブランド拡張の観点から考えることにしよう。

2 「コカ・コーラ」スクリーンタイム・キャンペーン

❖ コカ・コーラ

　「コカ・コーラ」は1886年、米国のジョージア州アトランタにおいて、薬剤師だった、ジョン・S・ペンバートン氏が開発した。ペンバートン氏は、1885年、ザ コカ・コーラ カンパニーを設立した。そして段階的に、流通チャネル、広報、

【写真14‐2　「コカ・コーラ」、「コカ・コーラ ゼロ」、
　　　　　　 「コカ・コーラ ゼロカフェイン」、「コカ・コーラ プラス」】

出所：日本コカ・コーラ株式会社

第14章

201

販促活動を展開し1895年には全米で販売されるようになった。そして「コカ・コーラ」は「いつでも、どこでも、だれにでも」を目標に、米国から世界へ製造、販売を展開した。現在、世界200ヶ国以上で事業を展開している。コカ・コーラ社が日本での製造販売を開始したのは1957年からである。現在、コカ・コーラ社は、日本の清涼飲料水市場において26％の市場占有率（企業別）を獲得している（日経MJ 2019年3月20日）。

　一般に、飲料は喉の渇きを潤すなどの機能的な価値を提供する。「コカ・コーラ」は加えて、さわやかさを提供し、「前向きな楽しい気分にスイッチする」、「仲間と一緒に一体となる」といった情緒的な価値を消費者に形成することを目ざしている。

❖「スクリーンタイム」

　人気女優が、友人と共にリビングの大型テレビで、「コカ・コーラ」を手に取りながらアメリカン・アクションコミック動画を観ている。ドラマのストーリーがクライマックスに近づいてくる。悪人に捕らえられ助けを求める人々をヒロインが救出する場面だ。するとテレビを観ている人気女優の部屋に、ドラマのヒロインが突然現れる。そしてテレビを見ていた人気女優は最後に「テレビの時間はコークでしょ。」で締めくくる。そしてコマーシャルの最後には、グラスの「コカ・コーラ」に中に氷が落ちるカットが登場する。こんなシーンがテレビコマーシャルで放映される。映画館、テレビ、スマートフォンなどの「スクリーン」（画面）で映画やドラマ、そして動画やスポーツ観戦を楽しむ時間を、「コカ・コーラ」は「スクリーンタイム」と呼ぶ。家族、友人と楽しむスクリーンタイムには、「コカ・コーラ」を手にとれば、さらに楽しい時間になる。そしてその時間は特別なひとときになることを伝える。

　そのような行動を提案、実現するために、マーケティングが必要となる。それが2019年3月25日からスタートした「スクリーンタイム・キャンペーン」である。

❖ コカ・コーラのスクリーンタイムへの取り組み

　「コカ・コーラ」のスクリーンタイムの取り組みは、サイレント映画時代に遡る。1916年に公開されたサイレント映画「The Mystery of the Leading Fish」のシーンに「コカ・コーラ」がはじめて登場した。その後、1933年公開のハリウッ

ド映画「キングコング」にはタイムズ・スクエアの看板に「コカ・コーラ」が登場
している。そしてテレビの普及に伴いドラマやスポーツにも「コカ・コーラ」は登
場していた。

　同時に「コカ・コーラ」は、スクリーンタイムと「コカ・コーラ」との接点をつ
くるマーケティングを展開している。当時からスクリーンタイムは、気分を高め、
リフレッシュし、仲間と一緒に過ごす体験である。たとえば、当時は車に乗ったま
ま映画を視聴できる屋外映画館「ドライブインシアター」が流行していた。初期の
スクリーンタイムの中心は映画館である。そこで、映画館、ドライブインシアター
の売店ではポップコーンと「コカ・コーラ」のセット販売を、映画館とタイアップ
し展開した。その結果、映画鑑賞と「コカ・コーラ」とポップコーンの組み合わせ
が人々の習慣として浸透した。

　その後、消費者のスクリーンタイムは、家庭へのテレビやビデオデッキの浸透に
よって変化していく。1939年には、過去に使用した「コカ・コーラ」の看板や自
販機などを時代ごとに保管して貸出をする「アーカイブ庫」を設立している。映画
やテレビドラマの撮影で使用してもらいやすくするためである。このようにコカ・
コーラ社では、映画、テレビを視聴する場面では「コカ・コーラ」が想起される状
況を継続的に定着、強化させてきた。

❖ 消費者のスクリーンタイムの変化

　インターネットの普及に加えてスマートフォン、タブレットの普及は消費者のス
クリーンタイムの行動も変化している。大きな変化は、コンテンツオンライン動画
を日常的に視聴する消費者の拡大である（**図14-1**）。それに伴い、テレビや動画
を視聴するデバイスは、テレビだけでなく、パソコン、スマートフォン、タブレッ
トなどデバイスの多様化とテレビ以外のデバイスに拡大している。**表14-1**から
もわかるように、オンライン動画のデバイス別視聴頻度は、テレビの2.4%に対し
て、スマートフォンは13.2%である。そしてこの傾向は若年層になるほど顕著で
ある。

第14章

【図14‐1　ネット動画の視聴コンテンツの変化（2018/2015）】

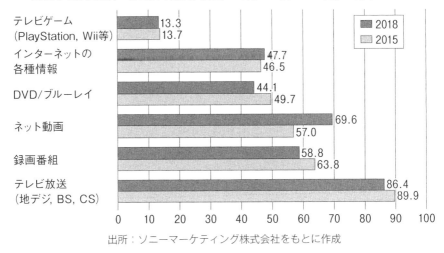

ネット動画の視聴コンテンツの変化（2018/2015）
2018年9月12日㈬〜13日㈭の期間，全国の20代〜60代までの男女を対象に実施

出所：ソニーマーケティング株式会社をもとに作成

【表14‐1　ほぼ毎日視聴するオンライン動画のデバイス別視聴頻度（性・年代別）】

	パソコン	スマートフォン	タブレット	テレビ
男性10代（15歳以上）	31.1	45.6	10.7	4.9
男性20代	26.2	32.0	8.7	4.9
男性30代	24.3	19.4	3.9	3.9
男性40代	20.2	15.5	2.9	1.9
男性50代	18.4	7.8	1.9	1.0
男性60代以上	26.2	3.9	3.9	1.9
女性10代（15歳以上）	8.7	41.7	2.9	2.9
女性20代	13.6	19.4	6.8	5.8
女性30代	9.7	9.7	2.9	1.9
女性40代	17.5	10.7	1.9	3.9
女性50代	20.4	12.6	4.9	1.0
女性60代以上	14.6	2.9	3.9	0.0

関東1都6県の15歳以上の男女約1,200人を対象

調査実施日：2016年9月14日（水）〜2016年9月15日（木）

有効回答数：1,236サンプル

　　　　　　出所：株式会社スイッチ・メディア・ラボ

❖ 広がるスクリーンタイムに「コカ・コーラ」との接点をつくる

　このような消費者行動の変化を捉え、家の中でテレビや映画、オンライン動画を楽しみながら「コカ・コーラ」を飲用するスタイルを伝えるために2017年1月から実施したのが、「ウチのコークは世界一」のキャンペーンである。このキャンペーンに続き、2018年1月には「コカ・コーラ」平昌（ピョンチャン）2018冬季オリンピック応援キャンペーンを実施した。このキャンペーンの一環として『祝メダル』篇というテレビコマーシャルを放映した。これは、日本代表選手団がメダルを獲得すると、その直後のテレビコマーシャルで、人気女優がその選手の健闘を称え「コカ・コーラ」で乾杯を促すコンテンツを放映するものであった。また、2018年4月にはFIFAワールドカップロシアの開催に合わせて、2018「コカ・コーラ」FIFAワールドカップキャンペーンを実施した。このキャンペーンでは自宅で仲間と共に「コカ・コーラ」を飲む準備をし、FIFAワールドカップ観戦を楽しむテレビコマーシャルを放映した。

　2019年3月から実施しているスクリーンタイム・キャンペーンでは、YouTubeの動画を視聴した場合に、最初に流れる動画広告を、視聴ジャンル別にスクリーンタイムのテレビコマーシャルと同じキャストで制作した。視聴ジャンルは、スポーツ、コメディ、音楽ビデオ、ドラマの4つである。スマートフォンの動画視聴スタイルに合わせ、縦と横の2つのバージョンを用意し、横バージョンでは主役の両隣に友人と一緒に楽しむ動画コンテンツとしている。

　大画面のスクリーンタイムとして健在の映画についても継続的に消費者との接点を創り続けている。わが国では1993年に、1つの映画館で多数のスクリーンを保有するシネマ・コンプレックス（以下、シネコン）が登場した。シネコンの登場は多様な映画コンテンツが上映できる環境の整備につながる。そのため映画制作人材の育成を目指し、シネコン大手が主催する「TOHOシネマズ学生映画祭」に2018年から協賛している。そしてこの映画祭の1部門である「プロモーションビデオを部門」では、映画とポップコーンと「コカ・コーラ」をテーマとした作品を募集している。またTOHOシネマズでは映画を視聴しながら、「コカ・コーラ」を飲みポップコーンを食べるシーンを促進するため、毎月9日を「POP & COKE Day」として割引価格で楽しめるセットを提供している。

　スクリーンタイムは消費者の日常生活に存在する体験の1つである。その体験に

Column14 - 1

ブランド・トラッキング調査

　当該ブランドに関する消費者行動情報を収集し、ブランドの実態を捉えるために行われるのがブランド・トラッキング（追跡）調査である。ブランド・トラッキング調査で得られた情報は、次のマーケティングを立案、実行するために活用される。ブランド・トラッキング調査では、当該ブランドが、誰の、どのような行動と、どのような感情に結びついているかを、定期的、継続的に測定する。ブランド・トラッキング調査によって、ブランドの実態が明らかになる。そして、過去と比較し新たな機会と、課題の発見につなげることができる。さらに実態に基づいて展開したマーケティングの効果および課題が明らかになる。自社のブランド以外にも競合ブランド、他の製品カテゴリーとの位置関係も明らかになる。

　ブランド・ポジショニング、ブランド拡張を行うためには、その手がかりとなる情報が必要となる。企業側からの一方的な提案ではなく、消費者の実態を手がかりにマーケティング目標を設定し実行することが重要である。その測定は、消費者の当該ブランドに対する現在（現実）、未来についての実態をトラッキングする。現在（現実）の実態とは、誰がどのようなブランドを所有、購入し、その人にとってどのような役割を果たすブランドと位置づけられているかを調査する。また未来の実態とは、今後、その製品カテゴリー、当該ブランドに対して期待する役割は何かを調査する。消費者の現在（現実）の実態をもとに、企業が現在、展開しているマーケティング目標との乖離を確認する。その乖離や、未来につながる手がかりをもとに、企業が望む当該ブランドのユーザーおよび製品の使用場面、役割を設定し、マーケティングに反映させるのである。

　近年、その方法はオンラインによる質問票調査に加えて、ソーシャルメディアを活用した調査も導入されている。ソーシャルメディアの活用による調査では、Twitter、Instagramなどの投稿を分析することによって消費者の行動をリアルタイムで捉え、新たなポジションや拡張の可能性を探索する。たとえば、Twitterで発信されたブランドロゴが入った画像を判定し自動収集する。そして、収集した画像に対して何が一緒に撮影されている対象物を抽出し、分析を行い、現在（現実）と今後の可能性（未来）に関する情報を収集する手法も試行されている。

は「爽やかさ」、「前向きな楽しい気分にスイッチする」、「仲間と一緒に一体となる」などの要素を含んでいる。そしてこれらの体験は、「コカ・コーラ」が提供し

たい価値と重なる。このような背景のもと、スクリーンタイムの体験に、「コカ・コーラ」を飲用する習慣を定着させるため、プロモーション、チャネルを中心としたマーケティングを展開する。一方で社会の変化はスクリーンタイムも変化させる。コカ・コーラ社では、消費者のスクリーンタイムの変化を確認し、「コカ・コーラ」の新たなスクリーンタイムとの接点をつくりつつ、従来のスクリーンタイムとの接点をも強化するのである。

❖ 実験を繰り返し組織学習のスピードを上げる

　マーケティング活動が市場でどのような結果をもたらしたかを把握することは、ブランド・エクイティの実態を把握し、次のマーケティングの展開を行う上で重要である。そのため「コカ・コーラ」では、PDCA（Plan Do Check Action）のサイクルを回すことを徹底している。常時行われている調査によって消費者の「コカ・コーラ」の飲用、印象（イメージ）の調査に加え、キャンペーンでは独自に効果を測定する。どのような消費者が、その体験において「コカ・コーラ」を飲用しているのか、その体験を通じて目標通りの価値を提供できているかを測定する。そして調査から得られたデータをもとに、目標の実現水準を確認する（Column14-1）。そして目標との差の解消を次のマーケティングに反映することを繰り返す。目標設定、実行、実行結果の検証と修正は組織全体で共有され、ブランド・エクイティの向上につながる知見として学習し、蓄積していく。

3　ブランド組織のマネジメント

❖ ブランド・エクイティ

第14章

　ブランドは顧客の頭の中に形成されるそのブランドの印象である。その印象は個々の顧客のそのブランドが関係した体験によって形成される。ブランドが関係した体験とは、使用体験ばかりでなくブランドを使用した他の人々の評価やコメントとの接触も含まれる。体験を通じて顧客がブランドに対して高い認知と親和性を持ち、顧客の記憶に強力、好感、独自の印象を形成した時に、強いブランド・エクイ

【図14‐2　ブランド・エクイティとマーケティング活動の循環】

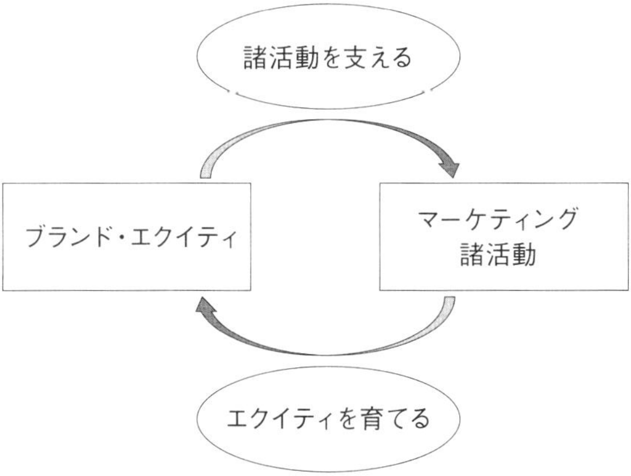

出所：石井（2010）

ティになる。そして、ある顧客にブランドが構築された（ブランディング）状態とは、ある商品、サービスの市場において「何らかの違いが生み出されること」にある。顧客のブランドの体験ごとに生み出された何らかの違いが、顧客に蓄積されていく。この蓄積が顧客ベースのブランド・エクイティとなる。そしてその時点のブランド・エクイティを計測し、マーケティングの善し悪しを評価する。ある時点のマーケティングが、ブランド・エクイティを向上することにつながったのか、逆に低下させたのかを評価する。そしてその評価は、マーケティング要素の何が、ブランド・エクイティを構成する何と結びついて実現されたのかを測定できれば、その後のマーケティング活動に反映しやすくなる。

❖ ブランド・マネージャー

　ブランド・エクイティをマネジメントし、その維持、成長に責任をもって取り組む担当を、ブランド・マネージャーと呼ぶ。ブランド・マネージャーは、担当ブランドのマーケティングを実践し、その時点の売上、利益を実現するだけでなく、長期継続的にブランド・エクイティを維持、向上させることが求められる。マーケティング・マネージャーは売上、利益の責任に加え、マーケティングの企画、実行、成果に対して責任を持つ。
　一方、ブランド・マネージャーは、売上、利益の責任に加え、マーケティングの

Column14-2

ブランド・マネージャーの誕生

　ブランド・マネージャーをはじめて創設したのはP&Gである。その組織は、1910年〜1920年にかけて確立したと言われている。当時、P&Gの経済調査部に所属していたポール・スメルサーは、P&Gの石鹸製品であったアイボリーのユーザーを調査し、所得金額と生まれ育ちの環境によってユーザーを分類した。そしてその調査内容と考察結果をまとめた報告書を作成した。報告書がきっかけとなり1925年、P&Gに市場調査部が設立された。自社製品のユーザーを知ることによって、自社の意図とのギャップや新たな使い方に関する情報を得ることができるようになった。そして、この情報は、次の開発の手がかりとなった。それまでのP&Gには自社製品は、誰が、どのように使っているかの情報は存在しなかったのである。

　市場調査部の設立は、消費者中心の思考を組織に浸透させるきっかけとなった。市場調査部が本格的に機能し始めると製品開発部門と異なる組織が一体となる運営が必要となった。また、生産、物流、営業も同様に相互の部門の緊密に連携が必要となった。ブランド・マネジメントの原則を構築したのが、ニール・マッケロイだった。マッケロイは、P&Gの石鹸ブランド「キャメイ」のブランド・マネージャーだった。当時、P&Gにはもう1つの石鹸製品のブランド「アイボリー」が存在した。「キャメイ」製品は香料を加えた香りの良さが特徴の石鹸である。一方「アイボリー」製品は純度99.44%の何も加えないことが特徴の石鹸である。同じ石鹸製品カテゴリーにおいて、この2つの石鹸ブランドがうまく棲み分け、P&Gの競争力、売上に貢献する必要があった。そのためマッケロイは、2つのブランドが同じ製品カテゴリーにおいて異なるポジションを獲得し、P&Gとして売上、シェアを拡大することを目ざした。その実現のためにブランド・マネジメントがスタートし、ブランド・マネージャーが誕生した。

　マッケロイはブランド・マネージャーの仕事を定義している。ブランド・マネージャーの仕事は、第1に、ブランド製品の出荷状況を個数単位、地域単位で把握すること。そのデータから販売状況のよい地域と悪い地域のマーケティングを確認し、両者を比較しながらよりよいマーケティングを確立する。第2に、過去に実施したマーケティングを検証し、地域別の顧客の実態を常に把握し学習し新たなマーケティングを立案、実行する。第3にブランド・マネジメントを実行するにあたり人材の育成を行う。

参考文献：デーヴィス・ダイヤー他『P&Gウェイ』

第14章

企画、実行、成果に加えて、マーケティングの成果がブランド・エクイティの向上につながっているかを確認する。そしてその結果を次のマーケティングに活かすことが求められる。ブランド・マネージャーの業務は、対社外の活動が中心と考えてしまう。しかし対社内の活動も同じように重要となる。ブランド・マネージャーは、製品開発、調査、研究、デザイン、広告・宣伝、営業、生産、情報システム、知財、経理など全社の各部門と連携し目標を実現しなけれはならない。その業務は、そのため各業務と立場を理解し、各部門の資源を有効に活かす行動が求められる。さらに多数のブランドを展開する企業では、同じ製品カテゴリーに対して複数のブランドを展開する場合もある。その場合は、社内の他のブランドと各部門の資源を獲得し合いつつ、市場においてそれぞれの独自のポジションを獲得できるように活動を行うことが求められる。

❖ ブランド・エクイティの２つの成長アプローチ

　ブランド・マネージャーが、ブランド・エクイティを成長させるためには２つのアプローチがある。ポジショニングアプローチと拡張アプローチである。

　ポジショニング・アプローチとは、ある製品カテゴリーにおいて人々の頭の中に一定のポジションを確保することである。一定のポジションとは、そのブランドが顧客に対して何をしてくれるのかに関する、顧客にとっての意味あるいは役割を顧客の頭の中にコミュニケーション、体験を通じて印象づけることにある。ポジショニングは、既存の製品カテゴリーに設定することと、潜在カテゴリーを発見し設定する２つの視点が必要である。

　ポジショニングの設定には、次の４つを明確にすることが必要である。第１に、ターゲット顧客、第２に、競合ブランド、第３に、競合ブランドとの類似点、第４に、競合ブランドとの相違点である。特に潜在カテゴリーを発見する場合には、同じ価値を持つ既存カテゴリーを探索する視点が有効である。

　拡張アプローチとは、ある製品カテゴリーにおいて一定のポジションを確立したブランドを、他の製品カテゴリーに拡張することである。たとえば、無印良品ブランドは、文具、雑貨、衣類、食品そして家屋の製品カテゴリーに拡張をしている。無駄を省き簡素化し、自然に近い快適さを実現する価値を多くの製品カテゴリーへ横断的に展開している。ブランド拡張にはメリットとデメリットがある。メリットは、ブランドの認知率の高さにより、他のカテゴリーでもブランドを認知してもら

うコストが低減できる。小売店頭で、同一ブランドの複数カテゴリー製品を一カ所に陳列する可能性が生まれる。このことは、販促ツールなどと組み合わせブランドの世界観を消費者に直接コミュニケーションすることが可能となる。一方、ブランド拡張にはデメリットもある。製品カテゴリーでポジションを確立したブランドも、他のカテゴリーでポジションを必ずしも確立できるとは限らない。既存の製品カテゴリーには強いブランドが既に存在する場合が多い。新たな製品カテゴリーでは強力なブランドと競争し一定のポジションを確保しなければならない。当然、ブランド拡張がうまく行かない場合は、ブランド・エクイティに影響がある。

　しかしブランド・エクイティの成長を、責任を個人の能力だけに依存するのは限界がある。そのため組織的活動によってその限界を克服する必要がある。そのため個人の能力に加え、その組織的活動を支える仕組みが必要となる。その仕組みが、ブランド単位の損益計算書、ブランド・パワー測定、ブランド・ポートフォリオである。

❖ ブランド単位の損益計算書

　ブランドを資産として管理することにおいて、必要となるのがブランド単位の損益管理である。そのブランドの売上高、原価、広告宣伝費、物流費などの変動費用、そのブランドに関与している営業担当の人件費などの固定費用が集計され、ブランドの売上、費用、利益を把握できることが必要となる。そうすることによってブランドが1つの企業のように管理、運営される。営業所単位、事業部単位で損益計算書（P/L）を把握することは容易である。しかし多数のブランドを保有している場合、各部門で発生した費用をブランド単位で管理しブランド単位の損益計算書（P/L）として集計するためには、仕組みが必要となる。たとえば営業部門は、1つのブランドだけの営業活動を行っているとは限らない。複数のブランドの営業活動を行う場合もある。その場合にブランド別の営業関連費用を算出する仕組みなどがそれにあたる。

　ブランドのP/Lが把握できると、継続的に投資をする行動が生まれる。ブランドを資産とすることによって、費用ではなくブランドに投資を累積する考え方につながる。そうすることによってROI（投資金額に対する利益）を測定する意味が生まれる。

第14章

❖ ブランド・パワーの測定

　ブランドと顧客との関係を維持、拡大し続けるため、企業は常に消費者の思考や行動の変化を確認し続けていなければならない。消費者を取り巻く環境は刻々と変化する。環境の変化に伴い、消費者の思考や行動も変化する。極端に言えば、昨日、気に入っていたブランドや製品も環境の変化によって今日は気に入らないブランドや製品になっている場合もある。そのため常に消費者の行動を捉え、変化や変化の兆しを捉えて次なるマーケティングに反映することが求められる。常に顧客の中に形成されているブランド・エクイティ（顧客ベースのブランド・エクイティ）を継続的に測定し、時系列の比較に中から、成果と課題を確認し次なるマーケティングを計画し実行する必要がある。

　ブランド・エクイティは、顧客による過去のマーケティング活動の評価の累積である。そのため、ブランド・パワーを測定することによって、ブランドの過去のマーケティングとのつながりを意識しつつ、顧客に対してそのブランド独自の価値を創造、強化していくことが可能となる。

❖ ブランド・ポートフォリオ

　1つのブランドが持つ企業と顧客を橋渡しする役割は一定の限界があり、すべての領域をカバーできるものではない。それぞれのブランドは一定の範囲までしか拡張ができない。また企業が設定した特定のセグメントに対応したブランドに対抗し、競合企業がさらに小さなセグメントに対して特定ブランドによって展開した場合、対抗上新たなブランドが必要となる場合がある。そのため複数の市場セグメントをカバーする場合には、複数のブランドを展開することが必要となる。ある企業が複数のセグメントをカバーするため複数のブランドを展開する場合は、複数のブランド・マネージャーが存在することになる。ブランド・マネージャーは担当ブランドの売上、利益の管理だけでなく、エクイティの管理も求められる。

　同一製品カテゴリーに対して複数ブランドを展開する場合、それらのエクイティを相互に高めるために存在するのが、ブランド・ポートフォリオである。

　ブランド・ポートフォリオは、特定の製品カテゴリーにおいて対象消費者に提供する、複数ブランドの組み合わせを管理する。特定カテゴリーにおける企業の占有

率を高め、企業としての売上、利益を高めるために行われる。理想的なブランド・ポートフォリオは、展開する個々のブランドがポートフォリオにおける他のブランド・エクイティを高めるように結びつく。そして個々のブランド　エクイティを最大化し、結果として企業が対象とする製品カテゴリーのブランドの全体のブランド・エクイティを最大化する。

　ブランド・ポートフォリオの設計は、対象とする製品カテゴリーに対する潜在顧客を含め、複数ブランドによってカバーできる範囲を最大化すること。そして個々の展開ブランド間で顧客の支持を奪い合うことを最小にすることである。

　ブランド・ポートフォリオによって、個々のブランドに異なる役割を与え企業全体として管理することができる。その役割は少なくても３つ存在する。第１に、どのセグメントをカバーするかの役割である。第２に、セグメント攻略における役割である。セグメント攻略における役割とは、新たなセグメントを開拓する役割、既存カテゴリーにおいてリーダーブランドから地位を獲得する役割に加え、既存カテゴリーのリーダーブランドとしての地位をより強固なものにする役割、エントリー、ハイエンドなどの役割が考えられる。そして第３に、企業としての収益の役割である。カテゴリーにおけるブランドの位置およびブランド単位の損益管理によって利益を獲得するブランド、投資するブランドといった役割が考えられる。これらの役割は消費者や競合およびマーケティングの成果によって変化させることが必要となる。

4　おわりに

　「コカ・コーラ」は、130年以上、製品の中身をほとんど変えることなく売上を成長させてきた。売上成長要因の１つには、多様な人々の多様なシーンとブランドとの結びつきを強化、拡大し続けたことがある。ブランド組織のマネジメントには売上、利益の拡大だけでなく、ブランド・エクイティを成長させることが求められる。そのためには、ブランド単位の損益計算が必要であり、損益計算が存在することによって収益構造の把握が可能となる。そして投資効率を管理することができる。これらの業務を行う担当が、ブランド・マネージャーである。ブランド・マネージャーは、ブランド・エクイティを成長させるためのアプローチとして、ブランド拡張とポジショニングの２つのアプローチを実践する。プロダクトライフサイクル、

第14章

213

競合の状況、ブランドの損益の状態によってこの２つのアプローチを使い分ける。そして、複数のブランドを組織において管理するため、ブランド・ポートフォリオが必要となる。

　本章で確認したように、マーケティングとブランドとの関係を理解し、ブランド・エクイティの成長を組織活動として実現することが求められる。

?考えてみよう

１．コーラ市場において展開されているブランドを調べてみよう。それぞれのブランドには、あなたのどのような体験が関与し、どのような印象を持っているかを考えてみよう。

２．コーラ市場において展開されている個々のブランドは、誰のどのような場面で飲用することをターゲットにしているかを考えてみよう。

３．コーラ製品カテゴリーにおける、ブランド・ポートフォリオを評価してみよう。さらにコーラ市場を拡大できる可能性があるとすれば、どのような顧客のどのような場面で飲用する可能性があるかを考えてみよう。

参考文献 ─────────────────────────●

石井淳蔵『マーケティングを学ぶ』筑摩書房、2010年

石井淳蔵『ブランド　価値の創造』岩波新書、1999年

ケビン・ケラー『エッセンシャル　戦略的ブランド・マネジメント』（恩藏直人監訳）、東急エージェンシー、2015年

デーヴィス・ダイヤー他『P＆Gウェイ』、東洋経済新報社、2013年

フィリップ・コトラー、ケビン・ケラー『コトラー＆ケラーのマーケティング・マネジメント基本編』（恩藏直人監訳、月岡真紀訳）、丸善出版、2014年

日本コカ・コーラ株式会社ホームページ

https://www.cocacola.co.jp/history_/chronology/index（2019年7月）

https://www.cocacola.co.jp/stories/brands_coca-cola_neweraname_bottle_190401（2019年7月）

https://www.cocacola.co.jp/stories/quincey_presentation_0123（2019年7月）

https://www.cocacola.co.jp/stories/theater_and_coke（2019年7月）

https://www.cocacola.co.jp/stories/stefaniemiller（2019年7月）

ソニーマーケティング株式会社

https://prtimes.jp/main/html/rd/p/000000022.000014106.html

株式会社スイッチ・メディア・ラボ

https://www.switch-m.com/report/online-moves-report-2016/

※Coca-Colaと「コカ・コーラ」、「コカ・コーラ　ゼロ」、「コカ・コーラ　ゼロカ
　フェイン」、「コカ・コーラ　プラス」は、The Coca-Cola Companyの登録商標。

次に読んで欲しい本 ●

石井淳蔵『マーケティングを学ぶ』筑摩書房、2010年

デビッド・アーカー（阿久津　聡訳）『ブランド論』、ダイヤモンド社、2014年

ケビン・ケラー（恩藏直人監訳）『エッセンシャル戦略的ブランド・マネジメント
　第4版』、2015年

第14章

社会責任のマネジメント

1 はじめに

　多くの企業が「企業の社会責任」（CSR：Corporate Social Responsibility）を果たす活動に取り組んでいる。そう聞いて一番に思い浮かべるのは何だろうか。例えば、「いろはす」の簡単にしぼれる軽量ペットボトルが、資源の節減に貢献していることだろうか。それとも、企業が災害の被災地に寄付金を提供することだろうか。

　一口にCSRといっても、その内容は地域社会、健康、安全、教育、雇用、環境などさまざまであるが、「企業が社会課題の解決を支援する」という点では共通する。ひとまずそう理解しよう。

　では、マーケティングは、CSRとどのように結びつくのだろうか。企業がCSRに取り組むと、消費者に良いイメージを持ってもらえてアピールできる。お得な宣伝方法だ。そのような考え方がある。

　確かに、宣伝効果はある。しかし、それだけではない。CSRに取り組む中で、マーケティングの広がりがもたらされている。非営利団体と連携したり消費者を巻き込んだりして、今までにない社会的関係を結びながら実施されるマーケティングがそれだ。そこでは、顧客の課題解決を超えて、社会の課題解決にも挑戦する。

　本章では、このようなマーケティングの広がりとしてのCSRに焦点を当てる。優れた事例であるキリンホールディングス株式会社（以下、キリン）の取り組みから学び、社会責任のマネジメントについて考えていこう。

2 キリンCSV経営の挑戦

❖ 企業常識と社会常識のギャップ

　岩手県遠野市はビール好きの人たちで賑わうようになった。遠野市はビールの原料であるホップの産地なのだが、収穫されたホップでつくったビールを楽しむお祭り、「遠野ホップ収穫祭」が2015年８月から毎年、開催されているのだ。ビール

はホップの種類によって味はもちろん、色も香りも異なる。その違いを飲み比べたり、いろいろなおつまみ料理と組み合わせたりして楽しむことができるのだ。

　このイベントを始めたのはTKプロジェクト、遠野市とキリンの連携プロジェクトである。実は、遠野市では農家の高齢化と後継者不足が進み、ホップの生産量が減少していた（ピーク時の1987年に229ｔだったのが、2015年では48ｔに減っている）。これは、遠野市にとって危機であるが、同時にキリンにとっても危機であった。キリンは日本産ホップの７割を仕入れており、遠野産ホップを使った「一番搾り　とれたてホップ生ビール」も2003年から販売している。遠野産ホップはキリンの事業戦略上、重要である。そこで、両者はホップ栽培の継続という共通課題に取り組む連携プロジェクト、TKプロジェクトを2006年に立ち上げ、遠野産ホップや遠野の食材をPRする活動を始めた。この取り組みは2015年以降、大きな飛躍を遂げる。

　転機は2011年３月の東日本大震災後だった。キリンの仙台工場も被災し、被災地支援の必要性がリアルに会社全体に伝わり、キリンは「一過性ではない、継続的な取り組み」として復興を支援するために、３年間で60億円を拠出すると決めた。そして、支援をする中で、キリンは自社の常識と社会の常識のギャップを認識し、越えていく。

　キリンは、必要な支援を知るために、まずは農業・水産業の方々に話を聞いた。そして、事業再開に必要な機械などを提供した。ひと通り事業再開にこぎつけられ

【写真15－1　フレッシュホップフェスト】

出所：キリンホールディングス株式会社

第15章

ると、次の段階として事業が軌道に乗るまでの支援が必要だった。だが、これは今までのような寄付やボランティアのスタイルでは続けられそうになかった。そこで、復興支援と事業を別々に考えるのではなく、復興支援を進化させ、事業につなげることを模索し始めた。これには驚かされる。なぜなら、当時の企業の常識では、復興支援などのCSRと事業とは別々の活動であり、事業で得た利益をCSRの活動資金として提供するのが当然のことだったからである（Column15−1参照）。

　その時点で、どのような支援になるのかがはっきりしていたわけではなかったが、モデルになりそうな事例はあった。それは、2012年9月に、寄贈した農機を使って収穫された気仙沼茶豆を、キリンの子会社のビアレストラン「キリンシティ」38店舗でおつまみ料理として提供したところ、定番の枝豆を売上でしのいだ店もあったことだった。この出来事を通して、キリンは、社会の常識では復興支援と事業を必ずしも分けて考えられていないことを認識した。気仙沼茶豆の注文の背後にあった、「茶豆を通して気仙沼を応援したい」、「復興を支援したくてもどうしたらいいかわからなかったが、茶豆を通じて応援できるのは嬉しい」という顧客ニーズを見逃さなかったのである。

　こうして、キリンは企業常識と社会常識のギャップを起点に、新たな挑戦を始めた。だが、従来の常識を越えて新しい常識を創り出すことは容易ではない。いったい、どのようにして実現したのだろうか。

❖ CSV経営のスタート

　2013年、全社を挙げての挑戦が始まった。同年1月、キリンは経営の中核に「事業を通じた社会課題の解決」を据えると決め、「CSV経営」と命名した。CSVとは「Creating Shared Value」の略であり、キリンでは、①（企業が社会と）共有できる価値を創造すること、②社会課題への取り組みによる「社会的価値の創造」と「経済的価値の創造」の両立により、企業価値の向上を実現することと定義された（Column15−1参照）。

　早速、この方針は実践に移された。同年11月には、福島県産の和梨の果実を使用した「キリン氷結 和梨」を、売上1本につき1円を東北の農業の震災復興支援策に活用するというキャンペーンとともに期間限定で販売し、2014〜2015年も継続した。2015年3月には福島県産の桃を使った「キリン氷結 桃」を通年販売した。放射能の風評被害に苦しむ福島の果実を、もちろん検査をした上で氷結の原

Column15 - 1

企業と社会の関係：CSR、コーズ・マーケティング、CSV

　企業の社会責任（CSR：Corporate Social Responsibility）はいつ誕生したのだろうか。法学分野では会社が誕生した16世紀のイギリスにその起源を求める。企業のマナーの悪さが社会問題化し、会社法の中で企業の社会に対する責任を規制したのが最初だと言われる。

　日本でも、CSRの考え方は商売や会社の登場とともに登場したといわれる。近江商人の思想（三方よし）や渋沢栄一の思想などにも「企業は社会とどのように関わり、社会の発展に貢献していくのか」についての議論や主張が見られる。

　マーケティングの分野でもマーケティングが台頭する1970年代頃、社会課題の解決にマーケティングを応用する仕組みとしてソーシャル・マーケティングやコーズ・マーケティングが提案されてきた。その特徴は、消費者との接点に注目し、消費者や社会に求められる製品・サービスをつくり、広く普及させる仕組みをつくることである。これらを提案したのは、マーケティングを普及させた当人のフィリップ・コトラー氏らだった。

　このように、CSRは「企業と社会の関係」についての考え方であり、企業やマーケティングの誕生のとともに重要なテーマとして注目され、そこではよりよい社会の実現への企業の関わり方が議論されてきた。

　しかし、現実にはCSRは法令を遵守し、人権に配慮し、社会に批判されないように倫理的活動を行う傾向にあった。2011年、これを義務的CSRと呼んで批判し、企業には社会課題を解決できる能力があり、戦略的CSRに取り組むべきだと主張したのはハーバード大学教授マイケル・ポーター氏だった。ポーター氏は、さらにこの概念を進化させてCSVという概念を提唱した。CSV（Creating Shared Value）は「（社会的価値と経済的価値の両立による）共通価値の創造」を意味する概念であり、社会課題を解決しながら、自らの競争力を高めることができるという考え方である。企業による社会課題の解決への期待は、ますます高まっている。

料として採用したのである。キリンが売上を上げるとともに、福島の農家の方達も、氷結を通じて安全性をアピールすることができた。これらは、最初のCSV商品となった。

第15章

❖ ホップを通じた地域活性化への挑戦

　CSV経営のスタート以降、キリンのCSR活動も変わっていく。2013年、東北復興支援の一環で、東北の農業の担い手を育成する「東北復興・農業トレーニングセンタープロジェクト」が行われ、そこに参加していたキリンの社員浅井隆平氏と、遠野のアサヒ農園の吉田敦史氏との出会いが１つのきっかけとなって遠野を元気にするアイデアが具現化し、2015年以降、その取り組みは本格化していった。同年８月、地域のさまざまな団体と連携し、「遠野ホップ収穫祭」を開催した。これは、その年に収穫した日本産ホップで作ったビールを楽しむイベントで、遠野産ホップとそれを使ったビールならではの味わいを楽しむことができ、翌年以降も開催している。

　同時に、キリンのオンラインショップであるDRINXが「遠野ビアツーリズム」を主催した。このツアーは１泊２日で、ホップの加工場を見学し、ホップの畑でホップの収穫を体験した後、ホップ畑でホップに囲まれながら乾杯し、複数のビールのテイスティングを楽しむことができる。ネットを通じて全国から参加者を募ることによって、ビアツーリズムのことはもちろん、遠野産ホップや遠野ホップ収穫祭の魅力が全国のビール好きに伝わることとなった。そして、翌年には遠野だけでなく、各都道府県でビアツーリズムを実施するために地元の企画者を募集し、各地域でのビアツーリズムの実施をキリンが支援した。

　さらに、「フレッシュホップフェスト」を開催した。その年に収穫した日本産ホップで作ったビールを楽しむイベントで、ホップ生産者、ビール醸造家（ブルワリー）、飲食店・飲料店、ビールファンの顧客が参加する。ホップ生産者からはホップの魅力が発信され、全国のビール醸造家からはそれぞれがこだわって醸造したクラフトビールが提供される。それらは首都圏の会場だけでなく、参加する全国の飲食店・飲料店でも提供され、それを楽しむビアファンが増えていった。このイベントを通して、日本産ホップの魅力がより伝わるクラフトビール市場が活性され始めた。

　また、遠野では遠野を単なるホップの産地として捉えるのではなく、収穫したホップで醸造したビールも飲める場所にし、遠野のまち自体をブランド化していこうという大きな構想が描かれた。合い言葉は「ホップの里からビールの里へ」である。こうした賑わいができるにつれて、日本産ホップの生産への関心も高まり、就

【写真15-2　ビアツーリズム】

出所：キリンホールディングス株式会社

農希望者も増えていった。2015年以降、10人以上の若者が新たに遠野で就農したという（2019年現在）。

　2018年には、遠野市とキリンが出資する新会社「TONO BEER EXPERIENCE」が設立された。就農者支援として農業機械の購入を行ったり、ビアツーリズムなどのイベントを企画・運営することが目的の会社であり、キリンの社員も副社長に就任した。

❖ 新しいビール文化の創造

　CSV経営スタート以降、キリンのビール事業も変わっていった。新しい取り組みがいくつも生まれた。日本産ホップならではの味や香りが研究され、新種ホップの開発とそのブランド化が模索された。MURAKAMI SEVENやIBUKIはその成果である。それらを使って、日本産ホップブランドならではの香りや味を楽しむクラフトビールの商品開発も行われた。そうしたクラフトビールを飲む直営飲食店「ス

プリングバレーブルワリー」も2015年にオープンした。そこでは、さまざまな香りや味のクラフトビールを飲み比べたり、さまざまなおつまみ料理とペアリングしたりしながら食事のひと時を楽しむことができるようになった。

　変化は、キリンの主力商品「一番搾り」にも及んだ。社内で地域密着の意識が高まり、47都道府県ごとに味の違いや個性が楽しめる商品の企画が挙がってきた。都道府県ごとに、その地域だけの風土や気質、食文化といった、地元ならではの魅力が詰まったビールを開発し、地域ごとのお客様の要望に応えると同時に、地域活性化に貢献しようというものだ。「ビールは全国どこでつくっても同じ味」というのがビール業界の常識だったが、それを打ち破る取り組みだった。

　47種類もの商品の開発は、通常とは異なるプロセスで行われた。まず、コンセ

【写真15‐3　スプリングバレーブルワリー】

出所：キリンホールディングス株式会社

【写真15‐4　スプリングバレーブルワリーのクラフトビール】

出所：キリンホールディングス株式会社

プトづくりから地域を巻き込んで行われた。担当者は各都道府県ごとに地域に精通した人たちを招いてワークショップを開催し、彼らと共にコンセプトづくりに取り組んだ。例えば、「広島づくり」の場合、中国新聞の社員、オタフクソースの経営者、カープ女子などが参加し、地元の誇りについて話し合った。こうした話し合いからコンセプトが出来上がった。また、ビールの味も地域を巻き込んでつくられた。その地域で生産された農産物が原材料に採用された。仙台はササニシキ、神戸は山田錦、といった具合だ。

　こうして地域を巻き込んで出来上がった「47都道府県の一番搾り」は、売上1本につき1円を熊本地震の被災地の復興支援に活用するというキャンペーンと共に2016年5月～10月に販売された。その商品コンセプトが支持され、年初目標の2倍を超える、270万ケース（大瓶概算）を販売し、2016年度「日本マーケティング大賞」を受賞した。

　このように、CSV経営はキリンに多くの変化をもたらし、さまざまなCSV商品を生み出した。その結果、新しいビール文化、「ガンガン飲む」から「料理と一緒に楽しむ」へという新しいビール文化が創造されつつある。

　こうしたCSVの成果は、従来の財務指標で測定することは難しい。そこで、キリンはCSVコミットメント（約束）という形で目標を設定し、「キリンレポート」等でその進捗状況を報告している。例えば、地域活性化のコミットメントは、「2026年までに日本産ホップの調達量100tを維持できるホップ生産体制の確立を目指す」というものだ。目標に関わる就農者の人数を把握するなどして進捗度を確認しながら取り組んでいる。これらCSVの成果は「持続可能性」という目に見えない資産としてキリンに蓄積されつつある。

3　社会責任のマネジメント

❖ 企業の公共性

　こうしてキリンは、事業を通じた社会課題の解決に取り組んでいる。しかし、これは常識をくつがえす挑戦であり、本来、一企業が本業の中で社会課題に取り組むのは難しい。この点について、企業の公共性を理解しながら考えていこう（石井淳

蔵「企業メセナの新しい視点」『マーケティング・ジャーナル』No. 43、1991年）。

　企業が社会課題に取り組むことは、最近では当然すべきことだと考えられている。その理由は、企業の公共性にある。企業も社会に生きる一市民であるから、公共的な取り組みは重要であるばかりでなく、当然の義務的な活動である。そして、それはCSR（社会責任を果たすこと）につながる。こういう考え方だ。

　だが、これには問題が2つある。第1の問題は、このような考え方が最近のもので、伝統的な考え方とは異なる点である。伝統的な考え方では、CSRとは「利益を追求すること」である。具体的には、企業は、①企業の出資者である株主への利益を還元する責任があり、②顧客に満足を与える商品を提供する責任があると考える。

　この考え方に従うと、本業以外の無駄な活動はいっさいしてはいけないことになる。ボランティア活動や募金活動を行う余裕があるなら、出資者である株主に利益を還元するか、より顧客に満足を与える商品を提供するべきだからだ。

　第2の問題は、公共的な活動に関する意思決定を、私人である企業がひとりで行ってよいのかという問題である。企業は公共的な課題に取り組むのであるが、どのような内容を取り組むべき課題とするのか、それにどの程度投資すべきか等を決めなければならない。その際に、企業外の利害関係のある団体や個人の同意を得ることなしに、公共的な取り組みに関わる意思決定が行えるのかという問題である。

　このように、企業は、社会に生きる一市民としての公共的な性格と、株主や顧客の要求に応じて活動する私的な性格を併せ持つため、CSRに取り組むには慎重にならなければならない。

❖ ベンチャー型CSRの意義

　しかし、それにもかかわらず、多くの企業がCSRに取り組んでいる。なぜ、何のために取り組むのだろうか。ここではCSRの意義について、実際のCSRを3タイプに分類しながら考えていこう（表15－1参照）（石井淳蔵「企業メセナの新しい視点」『マーケティング・ジャーナル』No. 43、1991年）。

　第1のタイプは、企業として取り組むべきだという「自己満足型」の考え方で行われるCSRである。これは考え方としては尊いが、CSRに取り組んでいれば何でも良いというわけではないという批判を受けるかもしれない。第2のタイプは、企業宣伝や企業のイメージ向上のために行う「マーケティング志向型」である。これ

【表15-1　ベンチャー型CSRの特徴】

		企業にとっての利益	
		大きい	小さい
公共性への配慮	高い	ベンチャー型	自己満足型
	低い	マーケティング志向型	自己満足型

出所：石井（1991）をもとに筆者作成

は企業活動に関連があるが、宣伝効果やイメージ向上がなくなった場合に取りやめられる可能性がある。

　これら２つのタイプの場合、CSRは長期的な活動にはなりそうにない。というのは、本業に関係のない「自己満足型」の活動は企業の公共性に反するし、本業に関係のある「マーケティング志向型」の活動であっても、公共的取り組みに関わる意思決定を一企業が単独で行うと活動の公共性は保つことができないという矛盾があるからだ。こうした問題をクリアすることが期待されるのは第３のタイプである。

　第３のタイプは、「ベンチャー型」である。これは、企業がCSRを先駆的な事業と理解し、その事業から得られる経験を企業内にフィードバックする効果を考えるタイプである。マーケティング目標を顧客満足としていても、企業常識の範囲で「消費者は○○を欲しがっている」と考えるに留まりやすく、企業常識と社会常識のギャップには気づきにくい。「ベンチャー型」CSRは、そのようなギャップ認識の重要性と、そこで得られた知見を本業へとフィードバックする効果に注目するのである（Column15-2参照）。

　キリンの場合、東日本大震災の復興支援に取り組む中で、企業常識と社会常識とのギャップを認識して企業内にフィードバックし、CSRを事業につなげることを決めた。ホップ栽培の継続という課題に対して、日本産ホップの価値を見直し、ホップ産地の豊かな観光資源に気づき、それらを、地域や消費者を巻き込みながら事業へとフィードバックしていった。ホップ収穫祭やビアツーリズムの実施、日本産ホップのブランド化、新種ホップブランドの開発、日本産ホップを使ったクラフトビール開発、それらを味わえるビアレストランのオープンなどが生まれた。また、定番商品の一番搾りにいたっては、従来ビールの地域性や個性がないという課題が認識され、地域密着の要素が加えられた「47都道府県の一番搾り」が生まれた。これらは、CSRを先駆的な事業と理解して得られた成果である。

　もし従来の常識に留まって、自社の常識を見直していなかったら、「事業と社会

課題の解決の両立は難しい」「事業利益を出さなければならないので、社会課題の解決に大きな投資はできない」……などと考えていたかもしれない。

　このように、CSRに取り組む意義は、企業常識と社会常識とのギャップを認識し、その認識を企業内にフィードバックするベンチャー型CSRを実践することによって、企業が社会の中の一市民としての常識を回復することである。

❖ ベンチャー型CSRの実現

　では、ベンチャー型CSRはどのようにして実現できるだろうか。実は、CSRと事業を結びつけるベンチャー型CSRは1980年代から実践されており、コーズ・マーケティングと呼ばれる。コーズ・マーケティングを有名にしたのは、アメリカン・エキスプレスというクレジットカード会社が行った「自由の女神像修復キャンペーン」だと言われている。このカード会社はカード利用のたびに寄付をするキャンペーンを展開し、自由の女神の修復費用を集めることに成功した。社会課題の解決という大義（コーズ：Cause）を掲げ、その大義に協力したいがどうすればよいかわからなかった消費者に、参加しやすい手段を提供し、同時に企業も利益を得る仕組みだ。

　では、この仕組みはどのようにして実現できるだろうか。3つの要点をキリンの事例に学びながら確認しよう（石井淳蔵「企業メセナの新しい視点」『マーケティング・ジャーナル』No. 43、1991年）。

　第1に、本業とは異質のメンバーに加入だ。これまで本業には関わりのなかったという意味での異質なメンバーで、公共性を反映できる多様なメンバーに参画してもらう。これによって、企業は社会常識を理解するきっかけを得ることになり、自社常識と社会常識とのギャップを認識することにつながる。

　キリンの場合、東日本大震災の復興支援のために地域の多様なメンバーと連携する中で、企業のこれまでの常識に気づいた。そして、CSRと事業を分けて考える常識を超えて、CSRと事業を結びつける考え方を志向するにいたった。

　第2に、異質の社会的関係の編成である。これまで一緒に仕事をしたことのない異質なメンバー同士が協働する関係を編成する場合、それぞれのこれまでの常識は通用しないため、基本的なことから確認して相互に理解していく。そのプロセスを経ることによって、活動内容が十分に検討される。

　キリンの場合、遠野市との連携プロジェクトを中心に、地域の多様なメンバーと

Column15 - 2

企業による社会課題解決への期待：ESG投資、SDGs

　企業による社会課題の解決への期待が高まりつつある。その背景にある2つの動向を紹介しよう。

　第1に、ESG投資の増加である。ESGとは、環境（Environment）、社会（Social）、ガバナンス（Governance）の略称であり、ESG投資とは、環境、社会、ガバナンスに考慮している企業に、金融機関が優先的に投資することである。そうすると約束する企業は「責任投資原則（PRI）」に署名するのだが、近年、署名する企業が増えている。署名する企業が増えると、ESGに配慮していない企業は投資を受けづらくなる。この仕組みによって、企業によるESGへの配慮が促されている。

　また、ESG投資を行う投資家は、投資対象である企業を評価する尺度として環境、社会、ガバナンスへの取り組みを重視するため、企業は投資を受けるためにESGに配慮していることを伝えなければならない。そのためには、活動内容をわかりやすい尺度で評価し、その評価結果を公開する必要が出てくる。ESG配慮に関わる活動内容だけでなく、その評価測定や結果公開も行われている。

　第2に、SDGsである。SDGsは「持続可能な開発目標（Sustainable Development Goals）」の略称であり、国連が2015年に発表した、国際社会が2030年までに達成したい目標である。その目標は17に整理され、さらに詳しく169のターゲットに分類されている。貧困の撲滅、持続可能な生産と消費など、内容は多岐にわたる。これらの目標達成に、国連と各国政府だけでなく、民間企業も関わることが期待されており、多くの企業がウェブサイト等を通じて、どの目標に取り組んでいるか、どの程度達成したかなどの報告を行っている。

　以前は、政府が中心となって社会課題に取り組み、1つの国では解決できない課題については、国際機関（国連など）が各国政府と協力して取り組んできた。そして、先進国が後進国の課題を解決する傾向にあった。今日では、先進国か後進国かにかかわらず、政府や企業が連携して社会課題の解決に取り組むことが期待されている。

第15章

連携し、「フレッシュホップフェスト」などの開催を検討した。それによって、今までにない盛り上がりを地域にもたらした。

　第3に、異質の意思決定ルールである。これは、公共性を反映できるように民主

的な形をとって意思決定を行うことである。

　キリンの場合、ホップの産地である遠野市の多様なメンバーと一緒になって「ホップの里からビールの里へ」というスローガンのもと、日本産ホップ栽培の継続という目標に取り組んでいる。これには、遠野の地域の関係者や消費者と一緒になって取り組んでいる。また、風評被害に遭っていた桃や梨を使用した「氷結」や「47都道府県の一番搾り」を売上の一部を寄付するキャンペーンと共に販売したが、賛同者がこれらの商品を購入することによって初めて寄付をすることが可能になる。もし、賛同する地域の関係者や消費者の賛同を得られなかったら達成することはできない。このような仕組みにすることによって、公共性が反映される意思決定を実現したのである。

　このように、CSRの実現は企業が社会の中の一市民としての常識を回復する活動であり、企業組織が外に対して開かれた存在となっているかどうかが重要となってくる。

4　おわりに

　最後に、CSRが今後のマーケティングの広がりとして期待される分野であることを確認しておこう。

　マーケティングと聞くと、製品開発や広告を一番に思い浮かべるかもしれない。CSRと聞くと、企業のイメージアップになるお得な宣伝方法だと考えるかもしれない。そして、常識的にはマーケティングとCSRは別々の活動だと考えるかもしれない。しかし、本章を読み終えた今、両者が結びつく可能性を理解したことだろう。

　本章では、CSRがもたらすマーケティングの可能性を紹介した。それは、企業がCSRに取り組む中で自社常識と社会常識とのギャップを認識することに始まる。そして、これまでの活動を反省的に見直し、非営利団体と連携したり消費者を巻き込んだりして、今までにない社会関係を結びながら、ビジネスを通じた社会課題の解決に挑戦する。このようにCSRとマーケティングの結びつきを捉え、結びつけていくことが、社会責任のマネジメントである。

　このように、社会責任のマネジメントは、顧客の課題解決を超えて、社会の課題解決への挑戦を可能にする。それゆえに、CSRはマーケティングの広がりとして

期待される。

❓ 考えてみよう

1．キリンの公式サイトでCSVの取り組みを調べ、CSRと事業がどのように結びついているかを考えてみよう。
2．企業の公共性とはどのような考え方か、どのような問題があるかを考えてみよう。
3．知っている企業のウェブサイトでベンチャー型CSRの取り組みが紹介されているかを調べ、取り組んでいる場合、どのような公共性を保つ工夫を凝らしているかを考えてみよう。

参考文献

石井淳蔵「企業メセナの新しい視点」『マーケティング・ジャーナル』No. 43、1991年。

フィリップ・コトラー他（恩藏直人監訳）『社会的責任のマーケティング』東洋経済新報社、2007年。

マイケル・ポーター「経済的価値と社会的価値を同時実現する　共通価値の戦略」『DIAMONDハーバード・ビジネス・レビュー』2011年6月号。

次に読んで欲しい本

フィリップ・コトラー他『グッド・ワークス！』（ハーバード社会起業大会スタディプログラム研究会 訳）東洋経済新報社、2014年。

國部克彦編著『CSRの基礎』中央経済社、2017年。

フィリップ・コトラー、ナンシー・リー（塚本一郎訳）『コトラー　ソーシャル・マーケティング』丸善、2010年。

第15章

あとがき

　自分とは「違った立場」で社会をながめている自分に気づく。マーケティングをはじめて学んだ人が学んだ実感を得るのは、この体験ではないでしょうか。コンビニエンス・ストアの棚に陳列された商品をみて、「何故、このお店が取り扱っている商品が、別のお店では取り扱っていないのだろう」、「何故、棚のこの位置に、この商品は陳列されているのだろう」などに思いをめぐらせる。それが、いつもの自分とは「違った立場」である、メーカーや小売店の立場でながめる体験です。さらにその体験が、本書の内容とつながればしめたもの。メーカーや流通企業がどのようなことを目的として、どのような活動をしているのかが、おおよそ推測できていきます。そうなれば、あなたはマーケティングの世界に引き込まれていくはずです。

　マーケティングの世界で活躍されている方々は、さまざまな「違った立場」でマーケティングの現実をながめることができます。メーカーの方ならば、卸売企業、小売企業の立場、小売企業の販売員の立場、バイヤーの立場、そして社内他部署の立場などです。さらに最終的に製品・サービスを使用する人についても、さまざまな違った立場でながめることができます。高齢者の立場、女性（男性）の立場、あるいは通勤時点での立場、食事時点の立場などです。

　本書では、「マーケティング発想の経営」を理解するために、15（章）の角度から確認をしてきました。マーケティング発想をするために、どの立場で、何を、どのようにながめるかを、学ぶことができたはずです。さらに、ビジネスの仕組みとどのようにつながるのかをも、学ぶことができたのではないかと思います。

　結果をうまく出している企業や製品・サービスには、すべて理由があります。「マーケティング発想」とは、自分とは違った立場でながめる工夫を行い、その立場で次にして欲しいことを考えることにあります。そして、「経営」とは、次にして欲しいことを、効率的に実現することにあります。

　マーケティングは身近なところに事象が存在します。そのため、なじみやすい学問分野であるという印象を受けた方が多いのではなでしょうか。しかしさらに学び続けた人の中には、公式のような明示されたルールがなく、わかった気にならない

と思っている方も多いのではないでしょうか。「顧客の気持ちが、うまくつかめない」、あるいは、「(同じやり方をしているはずなのに)去年はうまくいったのに今年はうまくいかない」といったことをよく聞きます。マーケティングは、常に変わり続ける顧客の気持ちを探るための活動を繰り返す。そして、その満足を追求する活動を継続し続ける。この繰り返しです。皆さん1人ひとりがそうであるように、顧客の気持ちは日々変化し続けます。マーケティングは、常に変化し続け、顧客に満足を提供し続けることが要求されます。

しかし、どこにも、「解答を導き出せる簡単な方程式」はありません。うまくマーケティングを行うための考え方はこのテキストで学べても、マーケティングをうまく行う方法は、どのテキストでも学ぶことはできません。その時点における状況に応じ、顧客に対して満足を与え続けるマーケティングを自らつくり出すことが求められます。本書で採用した事例は、マーケティング発想を身につけた人々がすべて日々の業務で格闘しながら導き出した解答です。

あるときにマーケティング発想であっても、多くの人は、気がつくとマーケティング発想ではなく、自分発想になってしまっています。そうなると知らない間に顧客は離れ、他の企業にその顧客を奪われてしまいます。そのようなことに陥らないために、時に自らの考え方や行動を確認することが有効です。このテキストは繰り返し見直すことで、皆さんがマーケティング発想であり続けるための有効なツールとなるはずです。

マーケティングを学んだ動機は、現在あるいは将来の自分の仕事に役立てるためだったかと思います。しかしマーケティングは仕事だけのものではありません。皆さん1人ひとりが生きていくために、そして1人ひとりのブランドを確立するために使えるはずです。マーケティング発想は皆さんが自ら機会をつくり出すために、活かすことができます。

マーケティング発想を身につけた皆さんが、直面した仕事のみならず自身の課題に対しても、どのような考えに基づき、どのような行動を取るべきかを考える上で、本書が役立つことがあれば、我々にとってこれ以上の喜びはありません。

執筆者を代表して

石井淳蔵・廣田章光・清水信年

索　引

■ さ ■

■編著者略歴

石井　淳蔵（いしい　じゅんぞう）

神戸大学名誉教授、流通科学大学名誉教授

1975年　神戸大学大学院経営学研究科博士課程修了。

同志社大学 商学部教授、神戸大学大学院経営学研究科教授を経て、2008年より現職。

専攻は、マーケティング論、流通システム論。

著書に、『マーケティングの神話』岩波現代文庫、『ブランド　価値の創造』岩波新書、『商人社会と市場社会』有斐閣などがある。

廣田　章光（ひろた　あきみつ）

近畿大学経営学部教授（博士（商学））

1999年　神戸大学大学院経営学研究科博士課程修了。

アシックス、大阪国際大学教授を経て、2008年より現職。

専攻は、マーケティング論、製品イノベーション論、デザイン思考。

著書に、『1からの商品企画』（共編著　碩学舎　2012年）、『1からのマーケティング・デザイン』（共編著　碩学舎　2016年）、『大塚正富のヒット塾　ゼロを100へ』（共著　日本経済新聞出版社　2018年）、『デジタル社会のマーケティング』（共編著　中央経済社　2019年）などがある。

清水　信年（しみず　のぶとし）

流通科学大学商学部教授（博士（商学））

2006年　神戸大学大学院経営学研究科博士課程修了。

奈良大学専任講師を経て、2011年より現職。

専攻は、マーケティング論、製品開発論、リテール・マネジメント。

著書に、『ビジネス三國志』（共著　プレジデント社　2009年）、『1からのリテール・マネジメント』（共編著　碩学舎　2012年）などがある。

執筆者紹介 （担当章順）

石井　淳蔵（いしい　じゅんぞう）……………………………………第1章
神戸大学名誉教授、流通科学大学名誉教授

三好　宏（みよし　ひろし）…………………………………………第2章
岡山商科大学　経営学部　教授

清水　信年（しみず　のぶとし）……………………………………第3章
流通科学大学　商学部　教授

大谷　泰斗（おおたに　たいと）……………………………………第4章
関西外国語大学　英語国際学部　講師

川上　智子（かわかみ　ともこ）……………………………………　〃
早稲田大学大学院　経営管理研究科　教授

吉田　満梨（よしだ　まり）…………………………………………第5章
神戸大学大学院　経営学研究科　准教授

岸谷　和広（きしや　かずひろ）……………………………………第6章
関西大学　商学部　教授

柳　到亨（りゅう　どうひょん）……………………………………第7章
和歌山大学　経済学部　教授

崔　相鐵（ちぇ　さんちょる）………………………………………　〃
関西大学　商学部　教授

藤田　健（ふじた　たけし）…………………………………………第8章
山口大学　経済学部　准教授

細井　謙一（ほそい　けんいち）……………………………………第9章
広島経済大学　経営学部　教授

高橋千枝子（たかはし　ちえこ）……………………………………第10章
武庫川女子大学　経営学部　教授

水野　学（みずの　まなぶ）…………………………………………第11章
日本大学　商学部　教授

上元　亘（うえもと　わたる）………………………………………第12章
京都産業大学　経営学部　准教授

佐々木壮太郎（ささき　そうたろう）………………………………　〃
和歌山大学　観光学部　教授

水越　康介（みずこし　こうすけ）…………………………………第13章
東京都立大学　経済経営学部　教授

廣田　章光（ひろた　あきみつ）……………………………………第14章
近畿大学　経営学部　教授

明神　実枝（みょうじん　みえ）……………………………………第15章
福岡大学　商学部　教授

1からのマーケティング 〈第4版〉

2001年 3 月22日	第 1 版第 1 刷発行	
2003年 4 月25日	新 版第 1 刷発行	
2004年11月20日	第 2 版第 1 刷発行	
2008年10月10日	第 2 版第 24 刷発行	
2009年 3 月15日	第 3 版第 1 刷発行	
2019年 6 月10日	第 3 版第122刷発行	
2020年 1 月 1 日	第 4 版第 1 刷発行	
2023年 2 月25日	第 4 版第 69 刷発行	

編著者　石井淳蔵・廣田章光・清水信年

発行者　石井淳蔵

発行所　㈱碩学舎

　　　　〒101-0052 東京都千代田区神田小川町2-1 木村ビル 10F
　　　　TEL 0120-778-079　FAX 03-5577-4624
　　　　E-mail info@sekigakusha.com
　　　　URL http://www.sekigakusha.com

発売元　㈱中央経済グループパブリッシング

　　　　〒101-0051 東京都千代田区神田神保町1-31-2
　　　　TEL 03-3293-3381　FAX 03-3291-4437

印　刷　東光整版印刷㈱

製　本　誠製本㈱

© 2020 Printed in Japan

楽しく読めて基本が身につく好評テキストシリーズ！

1 からの 流通論 石原武政・竹村正明・細井謙一（編著） ■A5判・252頁	**1 からの マーケティング** 石井淳蔵・廣田章光・清水信年（編著） ■A5判・264頁
1 からの 戦略論 嶋口充輝・内田和成・黒岩健一郎（編著） ■A5判・296頁	**1 からの 会計** 谷武幸・桜井久勝（編著） ■A5判・248頁
1 からの 観光 高橋一夫・大津正和・吉田順一（編著） ■A5判・268頁	**1 からの サービス経営** 伊藤宗彦・高室裕史（編著） ■A5判・266頁
1 からの 経済学 中谷武・中村保（編著） ■A5判・268頁	**1 からの マーケティング分析** 恩藏直人・冨田健司（編著） ■A5判・296頁
1 からの 商品企画 西川英彦・廣田章光（編著） ■A5判・292頁	**1 からの 経営学** 加護野忠男・吉村典久（編著） ■A5判・320頁
1 からの ファイナンス 榊原茂樹・岡田克彦（編著） ■A5判・304頁	**1 からの リテール・マネジメント** 清水信年・坂田隆文（編著） ■A5判・288頁
1 からの 病院経営 木村憲洋・的場匡亮・川上智子（編著） ■A5判・328頁	**1 からの 経営史** 宮本又郎・岡部桂史・平野恭平（編著） ■A5判・344頁
1 からの 消費者行動 松井剛・西川英彦（編著） ■A5判・260頁	**1 からの 観光事業論** 高橋一夫・柏木千春（編著） ■A5判・296頁
1 からの マーケティング・デザイン 石井淳蔵・廣田章光・坂田隆文（編著） ■A5判・240頁	**1 からの グローバル・マーケティング** 小田部正明・栗木契・太田一樹（編著） ■A5判・236頁
1 からの アントレプレナーシップ 山田幸三・江島由裕（編著） ■A5判・260頁	**1 からの 流通システム** 崔相鐵・岸本徹也（編著） ■A5判・268頁
1 からの デジタル・マーケティング 西川英彦・澁谷覚（編著） ■A5判・264頁	

発行所：碩学舎　発売元：中央経済社